# SALOMON MUNK

# SALOMON MUNK

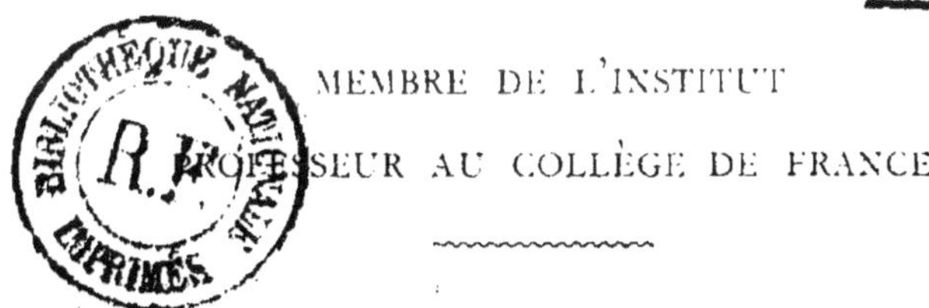

MEMBRE DE L'INSTITUT

PROFESSEUR AU COLLÈGE DE FRANCE

## SA VIE ET SES OEUVRES

PAR

M<sup>se</sup> SCHWAB

PARIS

ERNEST LEROUX, LIBRAIRE

28, RUE BONAPARTE

1900

Parmi les hommes illustres qui ont constitué
les gloires de Paris pendant le second tiers du
XIX<sup>e</sup> siècle, figure Salomon Munk. L'homme
qui, de son plein gré, a choisi la nationalité
française, l'a grandement honorée par sa vie,
par ses titres et par ses travaux, dont tous les
ouvrages ont été écrits en français, qui a largement payé l'hospitalité de la patrie d'adoption
par une activité littéraire de premier ordre,
cet homme est français. Notre pays le reven-
dique, quel que soit le lieu de sa naissance.

Est-ce à dire que l'esprit ambiant de ses premières années n'ait pas influé sur la direction de
ses idées et de ses opinions ? Certes, oui. Au
XVIII<sup>e</sup> siècle, Moïse Mendelssohn avait porté
d'une main ferme le drapeau de la science pour
relever le judaïsme ; par la puissance de son
génie, il avait changé l'atmosphère lourde et
étouffante qui, jusqu'à cette époque, pesait sur
les esprits, en une vie plus douce, plus pure,
plus ensoleillée. La génération suivante a profité de cette amélioration : un autre champion

du progrès, comparable à Mendelssohn par plus d'un point, eut, dès le début, de rudes et pénibles combats à soutenir. Durant toute sa vie nous voyons Munk combattant, sans se lasser, pour les mêmes principes, la conscience dressée au libre examen, comme d'autres sont dressés à l'obéissance par la discipline, jusqu'au jour où viennent des jours meilleurs ; il lui est permis alors de se consacrer au plus haut idéal de l'homme et de l'humanité, à la connaissance de la vérité, à la science des langues de l'Orient et à leurs vénérables monuments taillés dans des rochers millénaires, à l'interprétation de ces ruines qui maintenant parlent ; puis il devient l'intermédiaire entre l'Orient et l'Occident, l'avocat et même le sauveur de gens persécutés par le fanatisme jusqu'en Syrie !

Trente-trois ans se sont écoulés depuis que la pierre sépulcrale s'est refermée sur la dépouille terrestre de Munk, et sa vie si bien remplie attend encore une description digne d'elle. C'est un devoir qui incomberait tout d'abord au secrétaire perpétuel de l'Académie des Inscriptions et Belles-Lettres. Celui-ci, en effet, à chaque séance annuelle, lit l'éloge officiel d'un membre de la compagnie décédé depuis peu. Mais, par suite du nombre des académiciens enlevés chaque année par la mort, le secrétaire se voit forcément réduit, annuellement, à faire un choix. De ce côté donc, notre écrivain pourrait attendre longtemps encore.

Pour apprécier dans Munk l'orientaliste, le philosophe, le profond penseur, le croyant, on doit parcourir les nombreux ouvrages qu'il a laissés, puis les discours prononcés sur sa tombe par ses collègues de l'Institut et du Consistoire central des Israélites de France, enfin une partie de sa correspondance 1), quelques lettres curieuses ou intéressantes qu'il a reçues d'hommes illustres, conservées par sa famille, et les pages que ses amis des deux côtés du Rhin ont écrites sur lui 2). De toutes ces lectures, il se dégage un sentiment de vénération, que l'on éprouve le besoin d'exprimer.

Puissent les mânes de Munk ne pas désapprouver cette esquisse de sa vie, cet essai de portrait. S'il avait pu prévoir sa fin subite, il se serait certainement opposé à l'éloge de sa personne ; sa modestie s'effrayait lorsqu'on parlait de lui en public. Si nous nous permettons néanmoins d'agir autrement, c'est dans l'intérêt général, afin d'offrir à tous un modèle à suivre.

(1) Plus de deux cents lettres écrites par Munk à sa mère et à sa sœur, de 1827 à 1865, ont été conservées et données à la Bibliothèque du séminaire rabbinique de Breslau. M. Brann en a publié quarante-quatre dans le *Jahrbuch für jüdische Geschichte und Litteratur*, t. II (Berlin, 1899), p. 148-203, précédées d'une bonne notice biographique.

(2) Il faut ajouter un certain nombre de notes et souvenirs personnels, égarés longtemps dans le bureau d'un journal étranger, et reconstitués par M. Jacques Heilbronner, un des petits-fils de Munk.

1

Salomon Munk est né le 14 mai 1803, à Gross-Glogau, ville sise à l'est de l'Elbe, dans la Silésie prussienne, la seule place d'Europe peut-être où des juifs résident depuis six siècles sans interruption (1), où ils constituent un ensemble de quelques centaines de familles depuis le siècle dernier (2. De ces familles sont issues : Joseph Lehmann, 1801-1873, fondateur et rédacteur du « Magazin für die Literatur des Auslands » ; Edouard Munk, 1803-1871, professeur à la Wilhelm-Schule de Breslau, le rabbin Michael Sachs, 1808-1864, prédicateur de la communauté juive de Berlin ; David Cassel, 1818-1893, Docent au séminaire de Breslau, et Maier Wiener, 1819-1880, professeur à Hanovre, pour ne citer — avec Brann (3 — que les plus illustres des compatriotes contemporains de Munk.

D'après son acte de naissance, qui indiquait l'année 1805, il serait de deux ans plus jeune, comme Munk le disait un jour en plaisantant à un autre compatriote, son ami Joseph Zedner, qui, vers 1863, (alors qu'il était chargé par le British Museum, de rédiger le catalogue des livres.

(1) V. Brann, *Geschichte der Juden in Schlesien*, p. 16 et 26, append. p. 1 et suiv. ; *Geschichte des Landrabbinats in Schlesien*, p. 3. 5, 6.

(2) Berndt, *Geschichte der Juden in Glogau*, p 62. et suiv.

(3) *Jahrbuch für Geschichte und Litteratur*, an II, p. 151.

hébreux imprimés dans cette bibliothèque, était venu de Londres passer une partie de ses vacances à Paris, auprès de son camarade d'enfance.

Que la donnée de l'acte officiel de sa naissance repose sur une erreur, on se l'explique, si l'on songe que les registres d'état-civil chez les Israélites, à l'époque de la naissance de notre auteur, n'étaient pas encore en règle, aussi bien tenus qu'ils le furent plus tard. Il est possible que l'inscription de sa naissance dans le registre officiel ait eu lieu seulement au bout de deux ans, par suite d'une circonstance quelconque ; car c'est précisément son père, comme on va voir, qui était chargé de tenir ce registre, en vertu de ses fonctions administratives dans la communauté.

Sans avoir des données positives sur sa généalogie, sur ses ascendants en ligne directe depuis le commencement du XVIII° siècle, on sait, par les Archives d'Etat à Breslau (1), qu'en 1722, il y avait un Juda Israël Munk, commerçant aisé et un Isaïe Israël Munk, peut-être frère de ce dernier, comptés parmi les rentiers de la ville ; il est dit du premier, dans les actes publics, que, tout en indiquant qu'il vit de ses revenus, il est conseiller en droit et gagne ainsi pas mal d'argent. En 1806, Raphaël Loebel Munk, propriétaire — dont nous ignorons le degré de parenté avec notre orientaliste, — est élu membre de la com-

(1) Cote A. A. II. 21 B. Consignation des juifs de Glogau, en date du 13 janv. 1722.

mission chargée, après la prise de la forteresse
par l'armée française, à la suite de la bataille
d'Iéna, d'assister la municipalité pour défendre
les habitants et garantir leurs biens. Le même
Raph. L. Munk devient, au mois de février
1809, membre suppléant de l'assemblée des
Conseillers municipaux élus pour la première
fois, et, le 17 août de la même année, il entre
dans le Conseil comme membre actif. On ne
sait pas davantage quel était le degré de parenté
entre Edouard Munk et Salomon Munk, car
l'hypothèse émise par Zunz (1), que c'étaient les
deux frères, a été réfutée par Abraham Geiger (2).

Le père de Salomon, nommé Lippmann Samuel Munk, était un fonctionnaire public de la
communauté ; il avait dans ses attributions la
charge de recueillir les décisions d'une juri-
diction volontaire (sorte d'arbitrage des menus
litiges, ou de justice de paix), de les transcrire
et d'en délivrer, le cas échéant, copie certifiée ;
il délivrait aussi la traduction légalisée des actes
hébreux pour l'autorité municipale, ainsi que
les expéditions des arrêtés du tribunal juif. Ceci
est loin du titre quelque peu mesquin de « bedeau » que lui donnait improprement Adolphe
Franck, dans son Discours sur Salomon Munk.
Il est vrai que le père de celui-ci signait modestement : « *Schammas*, ou commissaire (Beglau-

(1) *Sterbetage*, p. 25
(2) *Judische Zeitschrift*, t. X, p. 185, note 2.

bigte) de la communauté », ce qui n'est pas la même chose qu'un bedeau. On trouve son titre et son cachet officiels apposés sur un acte en date du lundi 27 Marheschwan 570 (= 6 novembre 1809), conservé à la bibliothèque du séminaire de théologie juive à Breslau ; c'est le diplôme par lequel R. Salomon Tiktin, fils du grand rabbin de Glogau, plus tard grand rabbin de Breslau, reçoit de la communauté juive, à l'occasion de son mariage avec Rachelle Landau, le droit d'élire domicile à Glogau.

Sans être riche par conséquent, et sans avoir pu laisser après lui à ses enfants un héritage à répartir, Lippmann Samuel Munk jouissait d'un traitement officiel fixé, dès 1770, par ordre du gouverneur du château de Glogau, et suffisant pour élever convenablement ses enfants, savoir : outre un fils et une fille morts fort jeunes, son fils Salomon et deux filles, Caroline mariée plus tard à John Meyer, et Charlotte qui devint Mme Danziger.

C'était en tout cas un homme capable, qui donna à son fils les premiers éléments de l'instruction, lui enseignant déjà à fond l'hébreu, avec la Bible. Il semble qu'il a dû mourir vers 1811, à un âge peu avancé, lorsque son fils avait à peine huit ans. Sa veuve Malka, comme il résulte du petit nombre de lettres qui sont restées d'elle, était une femme douée d'une bonté et d'une douceur extrêmes, ayant avec cela une éducation et une facilité de style étonnantes

pour l'époque. Restée sans doute, à la mort
de son mari, dans des conditions précaires
de fortune, elle consacra désormais sa vie à
élever avec soin ses enfants, qui lui rendirent
en tendresse et dévouement les sacrifices accomplis pour eux. Il n'est pas étonnant qu'elle ait
dirigé cette éducation avec sollicitude. Son or
gueil et sa joie consistèrent à voir son fils pro-
gresser, et elle vécut assez longtemps pour assister à sa renommée grandissante dans le monde
savant ; on en voit le reflet, pour ainsi dire, on
en saisit l'écho, dans les lettres de son fils re-
produites plus loin.

Mis en possession des éléments de l'hébreu par
son père, devenu capable de lire les livres sacrés
écrits dans cette langue avec leurs commentaires, Munk suit le cours supérieur de Talmud
à l'école rabbinique de sa ville natale, sous la
direction et la surveillance d'un homme simple
et bon, le rabbin Jacob Joseph Œttinger, qui
lui donnait l'exemple des mœurs patriarcales
et qui, après l'avoir eu de longues années
comme auditeur, sans avoir eu la joie d'en faire
un rabbin, suivit son élève dans sa carrière
littéraire et surprit Munk, le jour de son mariage, en le saluant du titre de *Morénou*, appel-
lation honorifique de rabbin.

A peine sorti de l'enfance et n'ayant guère dépassé l'âge de la majorité religieuse (*bar Mitswa*), ou pour être plus précis à l'âge de 14 ans,
— c'était en 1817, — on l'élève officiellement

aux fonctions de Lecteur de la Tòra (*baal Koré*),
auprès de la société de bienfaisance *Malbisch
Arumim*, à Glogau, et il s'en acquitte à la satisfaction de tous. Nous le savons par une lettre
qu'un de ses condisciples lui adresse en 1846.
dont l'analyse est donnée plus loin à cette date,
et par une lettre de Munk lui-même adressée à
un conférencier de Glogau en juillet 1865.

Jusqu'à l'âge de 17 ans, Salomon Munk reste
à Glogau, et il acquiert une somme suffisante
de savoir talmudique et rabbinique pour devenir apte, encore tout jeune, à exercer des
fonctions de rabbin. Peut-être a-t-il eu deux
directeurs d'études. De l'un il vient d'être
question : c'était le rabbin Jacob Joseph (Ettin-
ger ; de plus, aux termes de la lettre précitée de
1846, adressée à Munk par un de ses camarades d'études nommé Haïm J. Mendelssohn,
c'est sous la direction du rabbin Abraham Tiktin
qu'ils ont travaillé ensemble. — En même temps,
sa mère lui fait donner des leçons particulières
d'instruction secondaire et enseigner les premiers
éléments de la langue française. Lorsqu'en 1820
son maître est appelé au poste de rabbin adjoint
à Berlin, Munk se rend à son appel, pour
achever, sous sa direction, les études nécessaires à l'acquisition du diplôme de rabbin. La
pauvreté, cette dure éducatrice, qui a rarement
manqué à ceux qui ont voulu s'élever pour
sortir de la médiocrité, lui apprend le grand art
de se suffire. Comme les moyens de payer le

voyage à Berlin lui manquent. Munk fait le trajet à pied.

A Berlin, Edouard Gans, Léopold Zunz et le linguiste E. W. Zumpt le remarquent ; ils éveillent en lui le désir d'étendre ses connaissances profanes et de les approfondir. Gans lui-même lui enseigne le latin et le grec. Grâce au maigre produit des leçons d'hébreu qu'il donne, il peut, — à force de peines et de privations, - couvrir ses dépenses et pourvoir à ses besoins, d'ailleurs modestes : il est non seulement son propre valet de chambre, mais encore son propre cuisinier. Son zèle, son application, sa volonté de fer, le font avancer rapidement dans ce domaine de la science, si bien qu'au bout de deux ans de travail assidu, il peut entrer en seconde classe au Gymnase (lycée) Joachimsthal. Il paie les mensualités scolaires, avec le produit des leçons particulières qu'il continue à donner sans se lasser, comme auparavant.

Pourvu d'un brillant certificat de maturité, *Abiturienten-Examen* (équivalent au baccalauréat), en sortant du gymnase, il se fait inscrire en 1824, à l'Université de Berlin, pour s'asseoir aux pieds des chaires de linguistique et d'antiquité. Il suit le cours de Hegel ; mais les doctrines de ce philosophe ne plaisent pas à son esprit religieux. Il suit en revanche, avec un plus grand intérêt, les leçons de Böck et de Bopp, au moment où celui-ci échafaude son immense « Grammaire comparée », sans renoncer cepen-

dant à continuer ses études de théologie juive,
selon l'ancienne coutume (1). Déjà, dans les premiers semestres de sa situation d'étudiant, il
avait été chargé d'un petit emploi à l'école
normale israélite d'instituteurs, à peine ouverte ;
mais il comprend bientôt combien est peu fondé,
en Prusse, l'espoir d'occuper un poste d'insti-
tuteur communal, encore moins d'être fonctionnaire de l'État.

« Certes, disait de lui devant sa tombe Adolphe
Franck, Munk en savait assez pour exercer
dans son pays les fonctions de *Privat-Docent*
(chez nous : Agrégé), ou de professeur suppléant ;
mais, seul à cette époque en Allemagne, le gouvernement prussien fermait aux juifs l'accès de
toute carrière publique. Par suite, Munk est
devenu notre concitoyen, et la France a fait,
avec ce savant éminent, une acquisition qu'on
lui envie. » Voilà comment son émigration fut
décidée.

Ayant acquis cette triste conviction, et, de
plus, animé du désir de se perfectionner dans
la connaissance des langues orientales, il prend
la décision de se mettre en route et de terminer,
autant que possible, ses études à Paris. Ainsi, de
même qu'il ne s'était pas attaché à conquérir la
consécration officielle de ses études hébraïques

(1) Il classe aussi les mss. hébreux de la bibliothèque royale
de Berlin, selon sa lettre inédite du 21 novembre 1832, donnée
à la fin de ce chapitre. On ne sait s'il a été rémunéré de ce
fait ou non.

et théologiques, par l'obtention du titre de rabbin, de même il n'attache pas plus d'importance au diplôme universitaire. On le verra plus loin, par les lettres écrites de France à sa famille, cinq ans plus tard. Il semble à ce moment chercher sa voie, sans être fixé sur l'objet définitif de ses études, sur le but de ses travaux. Il commence son exode, se rend à Bonn, attiré par la réputation d'un Freytag, d'un Lassen et d'autres, pour s'appliquer spécialement à l'étude des langues orientales, apprendre l'arabe avec le premier, le sanscrit avec le second, tout en caressant le projet d'aller en France.

Mais où trouver le moyen de réaliser un tel vœu ? Fort heureusement, Munk est recommandé à un poète aussi riche que généreux, protecteur de la jeunesse studieuse : c'est Michel Beer (le frère de Meyerbeer), qui l'encourage et lui fournit une subvention suffisante pour la route. Munk exprime sa reconnaissance et parle de lui en plusieurs circonstances, particulièrement dans la lettre suivante, datée de Bonn, le 30 octobre 1827 :

*A Monsieur Samuel Meyer, à Glogau,*

« ... Sur ma situation j'ai donné des détails à ma chère mère ; je dois ajouter quelques points. Par M. Beer, outre d'autres connaissances antérieures, j'ai été mis en relations avec beaucoup de personnes de l'Université, ici, entre autres avec A. W. von Schlegel, à qui, du reste, j'a-

vais été aussi présenté par Wilcken, à Berlin.
J'ai reçu de lui un accueil très amical. Il est
aussi d'avis de ne pas me hâter d'avoir la promotion (1). M. Beer également semble être d'avis
qu'il n'est pas nécessaire d'arriver à Paris avec
le titre de docteur ; des recommandations pour
des gens de cette ville lui paraissent devoir être
plus efficaces que ce titre. Aussi, provisoirement, je renonce à l'idée de la promotion avant
de quitter cette ville. Bien que mon bienfaiteur
soit disposé à payer les frais de ce diplôme si j'y
tenais absolument, je trouve que ce serait abu-
ser de sa bonté, en lui suscitant sans nécessité
formelle une dépense d'au moins 200 thalers,
d'autant plus qu'il a déjà fait beaucoup d'autres
dépenses pour moi : il a souci de tous mes besoins, et il me faut ici autant, pour ne pas dire
plus, qu'à Berlin. M. Beer met la chose tout à
fait à ma disposition ; il est disposé, de son côté,
à agir entièrement à cet égard selon mon désir
et mes vues.

⋅ Du reste, je vis ici très agréablement et bien
plus tranquille qu'à Berlin ; car presque toute la
journée je puis travailler dans ma chambre sans
être dérangé, et mon temps ne se perd pas,
comme à Berlin, à donner des leçons.

« A ma sérénité il se mêle parfois une ombre :
c'est de penser à la maison natale, à l'éloigne-
ment de toutes les personnes qui me sont
chères.... »

Donc, dans l'automne de l'année 1827, il quitte
Berlin pour Bonn, où il va passer un semestre,
attiré par la réputation de Freytag, dont il écoute

(1) Au doctorat de la Faculté des Lettres, philologie ou philosophie.

les lectures sur la langue arabe, en même temps
qu'il suit les cours de Niebuhr et d'A. W. von
Schlegel, puisant auprès de ces maîtres d'abon-
dantes notions dans les domaines les plus variés
de la philologie. Le jeune étudiant raconte lui
même ses pérégrinations et ses impressions de
voyage, dans une lettre adressée à M. Samuel
Meyer, à Glogau, de Francfort - sur - Mein le
21 septembre 1827, première ville importante où
il s'arrête au départ de Berlin (1), peu avant de se
fixer à Bonn :

« Comme je n'ai pu répondre que très brièvement aux lettres que vous m'avez adressées à
Berlin, je ne veux pas manquer de vous adresser aujourd'hui spécialement quelques lignes.
Pour mon voyage de Berlin jusqu'ici, je me réfère surtout à ma précédente lettre, afin d'éviter
des répétitions inutiles. Pourtant, je dois y
ajouter quelques suppléments.

« Le voyage m'a fait grand plaisir, et je me
promets encore plus d'agrément par la suite.
Sur la route de Berlin à Francfort, j'ai vu et
noté tout ce qui mérite de l'être, autant que possible. A partir de Naumbourg, le paysage devient plus intéressant, et jusqu'ici, par un temps
clair, on parcourt un chemin très agréable
à voir, surtout dans les parages des montagnes
boisées de la Thuringe, depuis Gotha jusque
derrière Eisenach, et de la Wartburg que j'ai vi-
sitée dans cette contrée, on a un point de vue
magnifique. J'ai passé le samedi (15 septembre

(1) C'est la première des lettres publiées par M. Brann, dont
l'original se trouve aux Archives du fonds Gœthe-Schiller, à
Weimar.

1827) très agréablement à Weimar, visitant là l'Exposition des Beaux-Arts, qui est petite il est vrai, mais a produit sur moi une vive impression très avantageuse. Le soir, je me suis rendu au théâtre et m'y suis fort diverti. On jouait la *Flûte enchantée*, et je dois reconnaître que l'ensemble de l'exécution m'a plus frappé qu'à Berlin, où nous avons entendu une fois cet opéra ensemble. Certainement, pris en détail, certains rôles sont mieux tenus à Berlin ; mais en somme, on peut se trouver ici très satisfait de cette représentation, et le théâtre de Weimar compte assurément parmi les meilleurs de l'Allemagne. Le bâtiment est très simple ; mais, par sa simplicité même, cette construction peut plaire beaucoup.

« Ce qui a rendu pour moi inoubliable la journée passée à Weimar, c'est le souvenir de l'homme éminent, qu'honore toute l'Allemagne, dont le grand mérite est reconnu par les nations étrangères, et j'ai eu la satisfaction de lui exprimer personnellement mon hommage. Pendant un certain temps, j'ai passé et repassé devant la maison de Gœthe, dans l'espoir de l'apercevoir peut-être à la fenêtre ; mais comme ce moyen ne réussissait pas, je me suis fait annoncer chez lui l'après-midi à 5 heures, en demandant à lui parler quelques instants 1). J'ai eu le bonheur rare d'être aussitôt reçu, et Gœthe s'est entretenu avec moi assez longtemps de mes études, m'a parlé avec beaucoup de cordialité, m'a encouragé, et il m'a congédié en m'adressant tous ses vœux pour l'heureux succès de mes efforts.

« J'aurais encore maint autre détail de mon

---

(1) Cet incident, comme le signale M. Braun, se trouve noté dans le journal de Gœthe.

voyage à vous communiquer ; mais aujourd'hui
il est trop tard. Finalement, recevez mes souhaits
sincères, pour le Nouvel-An (1) ; puissent vos
jours être toujours joyeux, puissiez-vous atteindre un grand âge au milieu du calme et du con-
tentement, et jouir en paix de longues années,
« Donnez bientôt la joie d'une lettre à votre

S.-L. MUNK.

Cette visite à Gœthe, si courte qu'elle ait été
et quoique unique, a dû laisser une trace lumi-
neuse dans l'esprit de Munk. Si elle n'a pas fait
de lui un poète, elle lui a du moins donné le
sentiment poétique, dont les tendances se révé-
leront plus tard, dans certaines de ses œuvres
futures. Le résultat immédiat est de le préserver
de la routine ; il le détourne des sentiers battus
et le fait résister à l'acquisition d'honneurs
futiles. C'est sans doute une des causes, — non
la seule, — qui l'ont engagé à quitter l'Université, sans emporter de l'*Alma mater* un gage
d'assiduité et de zèle (2). Longtemps après, sa
sœur, déjà fière de lui, regrette encore qu'il
n'ait pas ce titre honorifique, comme on le de-

(1) Le Nouvel-An juif, cette année-là, était le lendemain 22
septembre.

(2) A ce détail Munk, devenu académicien, songeait encore, en
1865, lorsqu'il rédigea la biographie de H. Ollendorf (*Archives
isr.*, t. XXVI, p. 401). Comme celui-ci regretta un jour de n'a-
voir pas de titre universaire, Munk conseilla à Ollendorf d'envoyer sa *Méthode* à l'Université d'Iéna, et de demander pour ce
livre la faveur du doctorat honoraire. Sa demande fut accueillie
et il fut créé docteur-ès-lettres. En dictant, Munk avait aux
lèvres un léger sourire.

vine par une réponse du frère, en date du 9 juin 1833.

Ce jour-là, Munk écrit à sa sœur, Mme Charlotte Danziger :

« ... Je veux seulement observer qu'en aucun cas je n'aurais partagé ton avis de recevoir le titre de docteur ; non seulement je me serais fait un reproche d'accepter à cet effet le soutien d'autrui, mais encore, si je vivais en ayant du superflu, je préférerais employer cet argent de toute autre façon convenable, plutôt qu'à acheter un chiffon de papier, aussi longtemps que ce titre ne me doit mener à rien. Quelle valeur a du reste un titre que, dans quelques universités allemandes, on peut acheter pour un certain nombre de louis d'or, et dont tant d'ignorants se font un ornement ? L'esprit qui domine parmi les professeurs allemands m'est trop odieux et trop méprisable, pour que je tienne à me procurer un diplôme émanant de ces hommes, qu'à moi juif ils accorderont seulement pour se procurer les quelques louis d'or. Qu'ils gardent donc toujours leur diplôme ! Aussi longtemps que la situation de nos coreligionnaires en Allemagne n'aura pas changé, j'y renonce ; je considère tout juif cherchant à acquérir ce titre comme un fou, qui sacrifie sa dignité à sa vanité. Je ne t'en veux pas, au surplus, de ce que tu y attaches encore de la valeur ; peut-être aussi m'y résoudrais-je si je n'étais, depuis des années, en France, où l'esprit est préoccupé de sujets plus grandioses, où l'on considère des pièces de cette nature avec un haussement d'épaules.

« Il m'importe bien plus de rendre quelque service important dans mon domaine ; j'espère avec confiance y arriver aussitôt que mes ressources seront plus élevées. Depuis longtemps, j'ai le projet d'une œuvre par laquelle je pourrais conquérir un jour le mérite d'avoir rendu service à la littérature orientale. L'achèvement de cette œuvre demandera plusieurs années et des conditions autrement favorables que celles de ma vie actuelle. Je serai tenu aussi, pour compléter mes matériaux, d'entreprendre tôt ou tard un voyage en Angleterre. Déjà, j'ai avisé le public que j'ai ce plan dans la tête, et j'ai donné un spécimen de l'œuvre future, à l'occasion d'un autre petit écrit (1). Je te raconte tout cela, pour répondre à l'observation que tu me fais dans la première de tes lettres. Mais la pensée qui me préoccupe le plus et avant tout, c'est de pouvoir faire un voyage en Silésie et passer là quelque temps au milieu des miens. Aussitôt que les circonstances le permettront, je compte bien réaliser ce projet : en ce moment, je n'ai pas de vœu plus ardent, et c'est en vue de réaliser ce souhait que je travaille avec fruit. »

Dès le commencement de 1828, il continue son chemin vers l'Ouest et arrive à Paris. Depuis longtemps muni d'une connaissance approfondie de l'hébreu ancien et moderne, du chaldaïque et du syriaque, il peut désormais compléter en France ses études linguistiques commencées à l'Université de Bonn, et il se met résolument à étudier au collège de France trois langues orientales simultanément, savoir : l'arabe, commencé avec Freytag et continué sous la direction de Silvestre de Sacy ; le sans-

(1) Bible Cahen, T. IV.

crit, commencé avec Lassen et continué avec Chezy, enfin le persan au cours d'Etienne Quatremère, toutes études dont on verra bientôt les fruits littéraires. C'est grâce à cet heureux assemblage d'études qu'il apprend seul l'Hindoustani, comme nous le dit un jour Garcin de Tassy, le professeur à l'école des langues orientales vivantes, de cette langue composée d'arabe et de persan, à peu près comme l'anglais est un mélange d'allemand et de français.

En même temps, il acquiert la connaissance de presque toutes les langues européennes, et bientôt on le comptera parmi les orientalistes les plus renommés. C'est probablement à cette fréquentation de tant de cours divers d'une part, et d'autre part à son heureuse inspiration d'être venu tout jeune à Paris, que notre étudiant a joui du priviège rare de s'approprier la langue française avec tant d'aisance et de correction, et de la parler sans accent étranger.

Sur les deux ou trois premières années du séjour de Munk à Paris, on ne possède pas d'autres renseignements plus circonstanciés : il n'existe plus de lettres de lui pour les années 1828-1830. C'est à peine si l'on trouve quelques lignes écrites en 1829, « de peu d'intérêt » (dit Brann qui les a vues), adressées par Munk à sa sœur. Pour se procurer les moyens d'existence, il donne des leçons, comme autrefois à Berlin. Si l'on sait que deux de ses élèves, — quelques années plus tard — sont les barons Alphonse et

Gustave de Rothschild, on se rend compte de la
haute estime dont il jouit dès lors ; des lettres,
signées par eux « vos dévoués élèves », servent
à rappeler ce détail. Ce n'est pas sa seule occupation : il fournit aussi à des revues ses premiers
travaux et des articles de critique, au milieu de
ses pensées tournées vers la maison paternelle.
On en voit le reflet dans la lettre du 5 mai 1821 :

« BIEN AIMÉE MÈRE. — Ta bonne lettre que tu
m'as adressée le 10 du dernier mois, m'a procuré,
comme chacune des précédentes, des heures ras-
sérénées, et m'a tranquillisé sur plusieurs points
qui, dans les derniers mois, m'avaient causé des
soucis. Ainsi j'ai craint  avec l'incertitude qui
subsiste encore — la possibilité d'une guerre ;
les conséquences désagréables qui pourraient en
résulter pour nous devaient d'avance, dans ton
imagination, revêtir des couleurs encore plus
sombres qu'elles ne le sont en réalité, si l'on
y réfléchit mûrement et si l'on considère les
faits de près. Ta lettre me fait espérer que, sous
ce rapport, tu es maintenant tranquille. Nous
avons lieu de croire au maintien de la paix ; si
pourtant la guerre devait survenir, je ne suis
pas de ton avis qu'il vaudrait mieux pour moi
rester à Paris. Quelque brillante que dût être
alors ici ma situation, je n'hésiterais certes pas
un instant à y renoncer, si, de ce fait, j'étais
forcé — pour un temps indéterminé — de renoncer à m'entretenir avec toi par écrit. Si telle
devait être la condition inéluctable de mon séjour
ici, mon départ serait aussitôt résolu. Corres-
pondre par voie indirecte ne serait certainement
pas impossible ; mais ce moyen serait entouré
de difficultés. Toutefois, je le répète, il y a main-

tenant plus de probabilité pour la paix, et ne nous créons pas d'inquiétude d'avance. »

La lettre suivante, adressée par Munk à sa mère, de « Meudon, près Paris », le 25 août 1831, montre que les craintes exprimées dans le mot précédent sont dissipées ; elle met au courant de la vie intime de Munk.

« Weiss, dans sa lettre à M. Meyer, a fait la remarque que je demeure à la campagne. Grâce à ce bavardage insignifiant et innocent, j'ai reçu deux lettres, l'une de John Meyer et de Caroline, l'autre de Charlotte, qui m'ont été envoyées sans que tu le saches et par lesquelles j'apprends que le rapport de Weiss sur mon compte t'inquiète. Je regrette maintenant de ne pas t'en avoir fait part dans ma dernière lettre. Je l'ai datée de Paris, car effectivement je l'ai écrite là-bas, un jour où des occupations m'avaient appelé dans cette ville. J'avais cru sans utilité de t'annoncer que je me suis installé à la campagne, et j'avais pensé qu'il valait mieux n'en rien dire ; puisque je sais bien que ton imagination élève à la hauteur d'un événement important le moindre pas, la démarche la plus insignifiante que j'accomplis ici ; tu en déduis toutes sortes de conséquences. Si, conformément à la vérité, je t'avais annoncé que pour mon simple amusement j'abandonne Paris pour quelques semaines, tu aurais au moins demandé si, dans une maisonnette de paysan, j'ai aussi les commodités que je puis me procurer à Paris. Maintenant que te voilà instruite du fait, je vais en conséquence te donner quelques détails. Le séjour dans la bruyante capitale n'est pas tellement agréable que, de temps en temps, les habitants ne dé-

sirent échanger leur résidence contre celle de
l'un des villages environnants, situés la plupart sur des hauteurs, offrant un air pur, sain,
avec les points de vue les plus attrayants. Plus
mon séjour à Paris s'est prolongé, et plus a
grandi en moi le désir de quitter quelque temps
la grande ville; déjà, l'été dernier, j'avais eu l'intention de faire un voyage, ou au moins de
choisir un domicile en dehors du mur d'en-
ceinte. Cependant, mes ressources ne me permettaient aucune de ces excursions; le soir, il
fallait que je donnasse quelques leçons, et après
l'achèvement de mes occupations, il aurait été
trop tard pour retourner à la campagne. Mais, cet
été, presque tous mes élèves sont en voyage : au
lieu d'enseignement, j'ai seulement à faire des
travaux littéraires, qui m'ont été commandés
par des savants, soit d'ici, soit d'Allemagne.

« Ces travaux ne sont pas moins lucratifs que
les leçons (1) ; mais de plus ils offrent l'avantage
de me permettre un séjour tranquille dans ma
chambre, et comme j'ai l'autorisation d'emprunter à la bibliothèque royale aussi bien des manuscrits que des livres imprimés, rien ne me force
de passer à Paris les mois d'été ; voilà pourquoi
j'ai cherché à réaliser un désir qui me hante depuis longtemps. Certainement en ce qui concerne la nourriture, il faut me contenter d'une
table frugale de campagne ; mais l'air splendide
et les promenades fréquentes dans l'une des contrées les plus saines et les plus charmantes sont
plus profitables à la santé que la bonne chair.
Du reste, deux fois par semaine je vais à Paris,
donner des leçons dans une maison privée ; je

______

(1) Dans sa lettre à sa sœur, datée du 22 novembre 1831, que
l'on retrouvera plus loin, Munk donne des détails à ce sujet.

reste d'ordinaire dans cette ville une demi-journée, et je prends alors le repas chez mon ancien aubergiste. Tu le vois, le seul motif pour lequel j'ai quitté Paris, c'était de me procurer une jouissance dont j'avais dû me priver depuis longtemps, en échangeant pour quelque temps les rues impures de la ville, toujours entourée de brouillards, contre une demeure de campagne splendide ; aussi je me trouve maintenant en bien meilleure santé que je ne l'ai jamais été. Je compte rester encore ici jusque vers le milieu d'octobre ; il va de soi que j'irai passer dans la capitale quelques-uns des prochains jours de fête, ou peut-être dans une localité voisine, où demeurent des coreligionnaires. Plaise au Ciel que j'aie aussi peu de raisons d'inquiétude pour toi et les nôtres que toi pour moi !

« Sans doute, ta bonne lettre est rassurante, mais les feuilles publiques ne le sont pas. Les désordres à Kœnigsberg me tourmentent bien moins que le choléra qui vient d'y éclater ; on sait très bien ici que, d'une part, l'épidémie a violemment sévi autour de ce point, et que, d'autre part, elle s'avance vers notre province. Puisse le Ciel préserver notre pays, qui a obtenu un léger adoucissement de la tyrannie par l'arrivée de cette plaie, et puisse-t-il épargner les innocents ! Probablement, le choléra nous aura protégés contre un malheur, savoir celui d'une guerre générale ; elle n'est plus à craindre pour le moment, et longtemps nous nous sommes fait, sous ce rapport, des chagrins inutiles. »

Une autre lettre de Munk, datée de Paris, le 25 octobre 1831, confirme le même état d'esprit :

« Ces jours-ci, je suis revenu de la campagne à

Paris. J'ai passé pas mal de temps à emballer et à déballer. puis à me déplacer ; ce qui m'a forcé à reculer, plus que je n'aurais voulu, la réponse à ta bonne lettre...

« La ruine de la Pologne est un crève-cœur pour tous ceux qui ont des sentiments humains. Mais la flamme continue à couver sous la cendre, et tôt ou tard elle peut de nouveau éclater. Toutefois je veux laisser la politique de côté et ajouter encore quelques détails sur moi-même ; car j'ai la prétention que. dans mes lettres, ce qui me concerne t'intéresse plus que la politique ou des nouvelles quelconques de Paris. Donc, avant tout, je dois observer que mon séjour à la campagne, malgré les privations que j'ai dû souvent m'imposer. m'a été très profitable, et je me trouve mieux que jamais. Presque toujours, j'ai eu l'agrément de jouir du beau temps ; le ciel pur et la région resplendissante autour de moi ont exercé la plus heureuse influence sur mon corps et mon âme. Ici. à Paris, je n'ai pas repris mon ancien logement. Je demeure maintenant dans la plus belle rue de la ville et dans sa partie la plus saine, savoir dans la rue Rivoli, en face du jardin des Tuileries, ayant la vue jusque sur les Champs-Elysées. Je suis ici presque aussi bien qu'à la campagne. tout en ayant en même temps l'avantage de me trouver dans Paris. Je demeure dans l'un des plus grands hôtels de la capitale, auquel je n'aurais certes pas songé, si M. Beer, qui est de nouveau à Paris et va y passer l'hiver. ne m'avait demandé de demeurer auprès de lui. C'est que pendant qu'il est à Paris, nous avons ensemble des occupations philologiques ; mais comme il n'est pas certain qu'aux heures fixées à cet effet il sera toujours libre. il veut. pour m'éviter des pas inutiles,

que j'habite la même maison que lui, aussi longtemps qu'il restera à Paris. »

Le 22 novembre 1831, Munk écrit de Paris à
sa sœur Charlotte (M^me Danziger), des détails qui
vont nous renseigner sur ses débuts littéraires :

« CHÈRE SŒUR. — Politique et choléra : voilà
les deux points autour desquels tout tourne et
dont les feuilles publiques nous entretiennent
chaque jour ; littérature et art, même le théâtre,
sont tout à fait à l'arrière-plan. Je te prie instamment de m'écrire bien souvent et de m'é-
crire sans réticence tout ce qui se passe chez
nous. Du reste, l'état de notre province ne saurait me rester caché, puisque la *Gazette* de Berlin
nomme chaque localité où éclate le choléra.
J'attends donc de toi ainsi que de notre chère
mère et de tous les nôtres, que vous me donniez
des renseignements exacts sur tout, et que vous
m'adressiez des lettres fréquentes.

« Que depuis un mois je suis rentré à Paris et
que je demeure avec M. Beer dans le plus beau
quartier de la ville, tu le sais déjà par ma lettre
adressée à notre mère. Tu peux t'imaginer aisément combien cette communauté de demeure a
d'agréments pour moi, d'autant plus que mon
indépendance n'en souffre nullement. Je m'ef-
force de me rendre utile à M. Beer dans les occupations que nous avons ensemble, et lorsqu'il
m'a demandé d'habiter auprès de lui, il ne l'a
nullement fait dans des termes indiquant qu'il
voulait m'être utile, mais plutôt que j'allais lui
rendre ainsi un grand service. M. Beer et sa
mère (1) me témoignent constamment le plus

______

(1) Sur cette femme remarquable lire les articles de M. Maurice Bloch, *Univers. israël.*, 1896, LI, I p. 507, 608, 694, 828 ;
II, p. 20.

vif intérêt; ils cherchent à m'être aussi utiles que possible par leurs recommandations. M. Wilhelm Beer aussi, qui s'est fait apprécier comme astronome et que j'ai appris à connaître ici plus intimement. s'est conduit à mon égard de façon à conquérir toute ma confiance. Hier soir, on a donné une nouvelle œuvre de Meyerbeer, *Robert le Diable*, représenté pour la première fois à l'Opera l'avant-veille (1). J'ai assisté à la représentation en compagnie de la famille Beer, et, par ses applaudissements, le public a témoigné du succès de l'œuvre.

« Il me reste à donner quelques détails sur mes travaux. De ceux-ci, tu me parais te faire une haute idée, et je regrette d'avoir à rectifier cette erreur. Peu d'entre eux ont été publiés et encore la plupart sont-ils anonymes, c'est-à-dire en articles non signés, dans un journal scientifique d'ici, qui depuis quelque temps ne paraît plus. Ce que j'ai fourni à Cotta traite de la géographie de l'Orient : c'était destiné à la *Hertha*, une revue de géographie. Je ne puis pas indiquer les numéros où mes articles ont paru, puisque moi-même je ne les ai pas vus ; mais comme ce travail a été payé, je présume qu'il a été imprimé. La plupart des travaux auxquels je me suis livré dans ces derniers temps étaient des travaux littéraires, des recherches, dont j'ai été chargé par des orientalistes étrangers. Comme je suis ici à la source et que je puis utiliser des manuscrits en grand nombre, je suis en état de fournir des

______

(1) Dans une lettre de cette même date que nous avons sous les yeux, Meyerbeer exprime à Munk ses regrets de ce que l'invitation d'assister à la première représentation de *Robert le Diable* ne soit pas arrivée en temps suffisant, par suite d'inexactitude de l'adresse sur la lettre d'envoi. Il le prie d'accepter une place dans sa loge pour la deuxième représentation.

solutions sur maintes branches de la littérature orientale, que ces savants ne pourraient pas aisément se procurer ailleurs. Sans doute plus tard, maint résultat de ces travaux sera publié ; mais, le plus souvent, ce sera fait sans la mention de mon nom. J'attache aussi peu d'importance à ces travaux dispersés ; je les considère plutôt comme des moyens d'assurer ici mon existence. La somme de notes que je recueille ici pour moi me servira un jour à publier quelque chose de ma main, et, peut-être, à enrichir quelque peu la littérature orientale. Dans ce domaine, il y a encore beaucoup à faire : même à servir peu, c'est déjà du mérite.. »

Cette lettre du 22 novembre 1831 nous montre dans sa seconde partie comment Munk se livrait à des recherches pour fournir des notes à plus d'un érudit, français ou étranger, peut-être même à ses maîtres. C'est le rôle du disciple, mais non sans profit pour son propre savoir. En termes plus formels que ses communications un peu vagues à sa mère et à sa sœur, Munk lui-même nous révèle combien son examen des manuscrits orientaux à Paris était dès lors poussé à fond. Sa lettre au Ministre sur ce sujet, dont la copie autographe a été heureusement conservée, constitue une véritable préface inédite à l'ensemble de ses œuvres, et plus particulièremet au futur catalogue des manuscrits hébreux.

Le 21 novembre 1832, Munk écrit au Ministre de l'Instruction publique (c'était alors Girod de l'Ain), à la suite de l'ordonnance concernant la réorganisation de la Bibliothèque :

« Monsieur le Ministre, — La sollicitude
et le haut intérêt que vous portez au per-
fectionnement des établissements littéraires
de la France me font espérer votre indul-
gence, si, quoiqu'étranger, sans nom ni vo-
cation, j'ose vous soumettre quelques observations sur une classe de manuscrits qui, jusqu'à présent, a été en quelque sorte négligée,
et qui pourtant mérite tout votre intérêt : Je
veux parler des manuscrits hébreux, rabbiniques, chaldéens et syriaques, dont le catalogue est loin de donner une notion tant soit
peu exacte. Dans mes nombreuses recherches,
j'ai été très souvent désappointé en trouvant
dans les manuscrits demandés tout autre chose
que ce qui m'avait été indiqué par le catalogue, et
d'autres fois j'ai eu la joie de découvrir dans
ces manuscrits des monuments curieux et importants, auxquels j'étais loin de m'attendre.
Je n'ai pas besoin d'insister sur l'importance
de la littérature syriaque ; on sait combien elle
renferme de trésors pour l'étude de l'histoire
ecclésiastique, et l'on sait encore que la langue
syriaque, premier moyen de communication
entre les Grecs et les Orientaux au Moyen-Age
servit la première à faire passer les œuvres
classiques de l'antiquité entre les mains des
Arabes ; se sont ces traductions syriaques qui
doivent nous fournir les premières données pour
juger quelle a été l'influence que la littérature
grecque peut avoir exercée sur les Arabes, et
dans quel état elle leur est parvenue. Les manuscrits hébreu-rabbiniques pourraient plutôt
avoir besoin d'une espèce d'apologie, et je dois
entrer là-dessus dans quelques détails. Il est
vrai que tout ce qui a rapport à l'exégèse biblique, au Talmud, aux rites des juifs, est main-

tenant trop connu, pour que les manuscrits de ce genre puissent encore autrement attirer l'attention des savants que dans un intérêt de bibliographie. Mais il y a une circonstance qui m'a frappé et qui, à mon avis, mérite d'être prise en considération : c'est qu'un grand nombre des ouvrages scientifiques des Musulmans, que l'on chercherait en vain parmi les manuscrits arabes, ont été conservés par les rabbins, soit qu'ils les aient copiés dans la langue originale, mais avec les caractères rabbiniques, soit qu'ils les aient traduits en hébreu. Ceci a eu lieu pour beaucoup d'ouvrages de médecine et de mathématiques, mais surtout pour la philosophie, à laquelle les rabbins du Moyen-Age se vouaient avec un zèle et un succès étonnants.

« On n'a encore que des notions très imparfaites sur la philosophie des Arabes, et il y a sous ce rapport une lacune à remplir dans tous les ouvrages qui traitent de l'histoire de la philosophie. M'étant destiné à cultiver en même temps les études philosophiques et la littérature orientale, j'ai commencé à faire quelques recherches sur la philosophie arabe ; mais la collection des manuscrits arabes de la Bibliothèque royale ne m'a offert que très peu d'ouvrages importants sur cette matière. En revanche, j'ai trouvé parmi les manuscrits hébreux les œuvres des philosophes arabes les plus célèbres (tels qu'Avicenne, Averroës, Algazali, Alpharabi et autres), traduites en hébreu, ou copiées dans leur langue originale, mais en caractères hébreux.

« Non seulement on ne trouve dans le catalogue imprimé que des notions très incomplètes, et souvent entièrement fausses, sur les manuscrits orientaux de l'ancien fonds du Roi ; mais on n'y trouve aucun renseignement sur les collections dont la Bibliothèque s'est enrichie plus tard, je veux parler de celle de Saint-Germain-des-Prés, de la Sorbonne et de l'Oratoire, dont la dernière surtout renferme un grand nombre de livres scientifiques, traduits de l'arabe en hébreu.

« Votre Excellence rendrait donc un très grand service aux lettres, en ordonnant un travail sur les manuscrits hébreux, rabbiniques et syriaques, de toutes les collections réunies maintenant à la Bibliothèque du Roi, ainsi que sur les manuscrits arabes écrits en caractères hébreux ou syriaques, dont la Bibliothèque possède un assez grand nombre. Ce travail pourra servir de complément à celui qui a été entrepris par un des plus savants orientalistes. M. Reinaud, sur les manuscrits arabes, persans et turcs, et la description complète d'une collection aussi riche que celle de la Bibliothèque du Roi, formerait un des documents les plus précieux sur l'histoire littéraire du monde oriental.

« Ce travail, M. le Ministre, est de nature à ne pouvoir être proposé aux savants orientalistes, dont des travaux plus importants occupent les loisirs. Pourtant, il exige quelqu'un qui se soit spécialement occupé de la branche de littérature qui en est l'objet, et qui joigne à quelques études philosophiques la connaissance des langues hébraïque, chaldaïque, syriaque et arabe. J'ose donc prier Votre Excellence de vouloir me le confier, au cas où elle ne trouverait à Paris, une personne plus digne que moi de sa confiance et qui veuille se charger d'un travail aussi pénible. Si je ne puis vanter mes talents, au moins je me crois assez de persévérance, et déjà, à la Bibliothèque royale de Berlin, j'ai mené

à terme un travail analogue (1) que plusieurs
personnes avaient commencé avant moi, mais
qu'elles n'avaient pas eu le courage d'achever... Ma qualité d'étranger n'a pas dû me dé-
courager ; car, en fait de science et de littérature, les intérêts de tous les pays sont les
mêmes, et tous les hommes fraternisent dans
le monde littéraire.

« J'ai l'honneur d'être, etc.

« S. Munk. »

## II

Jusque-là donc, notre orientaliste a travaillé
pour les autres. Cependant, les recherches faites
dans des domaines peu exploités avant cette
époque donnent à Munk une somme de connaissances nouvelles. Elles mûrissent son talent,
fixent de mieux en mieux ses idées, et, pour les
exprimer, il est désormais en possession de
l'autorité nécessaire. Aussi, après s'être lié avec
le directeur de l'école israélite à Paris, Samuel
Cahen, traducteur de la Bible, il contribue à
cette publication, en lui donnant dès 1832 un
mémoire intitulé : « Examen de plusieurs critiques du premier volume de la Bible S. Cahen. »
Sous une forme condensée, en un petit nombre
de pages au texte compact, il y a là bien des
idées nouvelles pour ce temps-là. C'est de ce

---

(1) On est très étonné, en lisant la préface au catalogue des
mss. hébreux de cette Bibliothèque, de ne pas voir l'auteur du
catalogue dire un mot de son prédécesseur.

premier travail que Renan dit plus tard qu'il ne faut pas le laisser passer inaperçu[1], et il ajoute : c'est à un israélite, distingué par son profond savoir, que nous devons la plus éloquente apologie de la méthode rationaliste.

Par cette première thèse de conciliation entre la raison et la foi, Munk n'a pas dû peu étonner certains de ses amis, ou de ses professeurs. Sa lettre à sa mère du 4 juin 1833 nous offre ses propres sentiments à cet égard :

« Je suis bien aise, dit-il, que mes dissertations dans cette Bible aient obtenu l'approbation de quelques connaisseurs ; si quelques personnes sont d'avis que, sur maints points, je me suis exprimé trop librement, je dois supposer qu'elles ne m'ont pas bien compris, et qu'elles ont mal conçu le but que j'avais en vue lorsque j'ai écrit ces pages. Nettement j'ai eu l'intention d'exposer le sens élevé et les avantages de la doctrine mosaïque, même pour ceux qui ne croient pas à la Divinité de l'Ecriture sainte, et de défendre le Judaïsme, aussi bien contre les chrétiens croyants que contre les incrédules. Pour combattre des adversaires si divergents entre eux, j'ai dû employer un langage qui se rapproche le plus de la raison pure, et m'exprimer de sorte que les uns ne puissent pas me reprocher de l'incrédulité, ni les autres de la superstition.

« M. Aron est certes à Glogau un de ceux qui peuvent le mieux juger mon mémoire, soit comme langue, soit comme sujet, il paraît avoir compris mon but. Je n'ai d'autre remarque à

[1] *Journal des Débats*, du mercredi 8 décembre 1858.

faire sur sa lettre que ceci : il a tort d'attribuer à mon petit écrit une grande valeur. Du reste, j'ai déjà observé jadis que je n'ai pas la moindre part aux notes de M. Cahen, et même le plus souvent je n'y attache pas de crédit. Cela résulte de mon travail ; aussi, quelques revues de cette ville ont observé la divergence entre nos opinions, et ce à mon avantage. Bientôt, j'enverrai le 5e volume, contenant le Deutéronome. Dans ce volume, il n'y a rien de moi ; mais peut-être écrirai-je une introduction générale explicite sur le Pentateuque, qui sera publiée à part. »

A ce moment là, Munk a-t-il tracé sa voie ? Sait-il quel sera désormais son champ d'activité ? Sur cette question, on verra que la lettre suivante répond avec plus d'incertitude que de précision. Cette question, semble-t-il, a dû lui être posée.

Ainsi à John Meyer, le mari de sa sœur Caroline, Munk écrit de Paris le 17 avril 1832 :

« CHER BEAU-FRÈRE, — En ce qui concerne ma situation je n'ai pour le moment rien de satisfaisant à vous communiquer : je n'ai toujours pas de vues déterminées, et pourtant il serait grandement temps d'être fixé. Certainement, il ne me manque rien maintenant, mais je suis arrivé à un âge où l'on devrait avoir un certain but ; ce qui me préoccupe, c'est de voir que ce but est, sinon manqué, du moins pas encore dessiné. La faute en est d'une part à mes études, d'autre part à mon caractère. Les premières sont de telle sorte qu'un juif pourra réussir rarement à les utiliser pratiquement dans la vie ; cependant, en France, la religion ne constitue pas la

moindre différence. Seulement, je suis ici un
étranger, et, de plus, comme je l'ai souvent
remarqué, je suis trop peu pressant, trop peu
charlatan, ce qui importe ici plus que l'on ne
saurait le croire. J'ai déjà pensé souvent à choisir encore maintenant une autre carrière,
comme par exemple la médecine. Plusieurs médecins m'ont dit que, dans l'espace de deux ans,
je pourrais achever les études médicales, puis
passer les examens, et au plus tard à la fin de
la troisième année devenir praticien. Mais, pour
cela, il me faudrait avoir en mains des moyens
extraordinaires ; et comment pourrai-je demander à mon bienfaiteur, qui m'a soutenu dans
une première carrière académique avec tant de
philanthropie, de m'introduire maintenant dans
une seconde carrière ? Du reste, mes études
faites jusqu'à présent n'auraient pas été per-
dues ; bien plus, mes années d'études en littérature orientale m'ouvriraient aussi dans le domaine de la médecine un champ qui, jusque-là,
n'est sans doute accessible à aucun autre médecin, ou du moins à très peu d'entre eux...
Mais ce n'est là qu'une idée, et, pour la réaliser, je me rends bien compte des difficultés,
beaucoup trop pour y donner suite.

« Quant au choléra, nous avons, grâce à Dieu,
dépassé la période la plus dangereuse. Pour la
présente fête de Pâques, les rabbins d'ici ont
frappé un coup d'état : ils ont permis de manger du riz, des pois, des lentilles, toutes sortes
de légumes secs, en recommandant de s'abste-
nir de manger trop souvent des *Matsoth* (azymes).
Bien que dans tous ces mets autorisés par eux
il n'y ait pas l'ombre de *Hamets* (levain), comme
le sait tout homme instruit, les rabbins ont
cependant rencontré parmi les gens ultra-pieux

une forte opposition, et beaucoup de Juifs se sont promis de ne pas faire usage de la dispense accordée. Heureusement, la discussion ne sortira pas de l'intérieur des maisons : ni les Carlistes, ni les républicains n'en viendront aux mains pour cela. Espérons que tout se passera bien. »

Dans la seconde partie de la lettre qui précède, nous possédons un des rares documents qui nous édifient sur la largeur des idées de Munk en fait de pratiques religieuses. Mais, bien entendu, il observait les prescriptions du culte mosaïque dans ses manifestations essentielles et célébrait les grandes fêtes ; sa lettre à sa sœur, datée du 4 décembre 1858, porte en tête le mot *Abends* (au soir), parce que c'était un samedi. En ce jour de repos sabbatique, il se passait de son secrétaire, et ce dernier se souvient que lorsqu'une solennité religieuse se trouvait être un vendredi, Munk arrivait à la séance de l'Académie après la signature, donnant aux siens l'exemple de la soumission religieuse jusqu'en ses menus détails.

Pendant ce temps, quelle que soit l'incertitude pour l'avenir, le présent est satisfaisant. Les vacances d'été en 1832 ne sont plus seulement, comme en 1831, l'occasion d'une villégiature aux environs de Paris. Munk va faire un voyage en Auvergne, raconté en trois lettres. Voici la première, datée de Paris, 21 août 1832 :

« TRÈS CHÈRE MÈRE, — La seule joie que m'a causée ta lettre du 7 de ce mois, a été troublee

par les remarques que tu as ajoutées. Je
vois que tu continues toujours à te livrer
trop facilement à des inquiétudes sans fon-
dement : tu ne réfléchis pas qu'à une telle
distance, on ne peut pas compter aussi
ponctuellement les jours auxquels on attend
des lettres. Certes, j'ai eu tort de ne pas songer qu'un danger, auquel on pense à peine
ici, est notablement grossi au loin par les journaux et surtout par l'imagination. Mais l'expérience t'a enseigné maintes fois combien ta fan-
taisie te tourmente pour de pures chimères, au
point que je ne comprends pas comment celle-
ci est encore en état de troubler de temps en
temps ta confiance dans la Providence. Dieu
merci, aujourd'hui aussi bien que dans mes
lettres précédentes, je puis te donner l'assurance
que je me trouve en parfait état de santé. Le
choléra n'a pas encore tout à fait cessé, mais on
ne craint pas de nouvelle recrudescence ; il
n'atteint plus, ça et là, qu'une personne malade
ou imprudente. Du reste, pour te tranquilliser
complètement, je puis te dire encore que dans
quelques jours, je vais quitter Paris, pour passer quelques semaines dans une des régions les
plus belles et les plus saines de la France.
Comme je n'ai presque pas d'occupation ici pendant les vacances, je me suis engagé à me rendre
pour quelques semaines dans le département
du Puy-de-Dôme, afin de diriger pendant ce
temps les études scolaires d'un garçon qui passe
là ses vacances. Comme les leçons me sont bien
payées et que mes frais de voyage me sont rem-
boursés, je profite volontiers de l'occasion d'a-
bandonner pour quelque temps la bruyante
capitale. En outre, j'entre ainsi en relations avec
une des familles les plus considérées, dont la

connaissance me sera peut-être un jour de grande
utilité... »

La seconde lettre, adressée à la même, est
datée de Thiers (Puy-de-Dôme), le 14 septembre
1832 :

« BIEN AIMÉE MÈRE, — Bien que je n'aie
pas encore de réponse à ma dernière lettre,
je ne puis me priver du plaisir, — comme j'é-
cris aujourd'hui à Charlotte, — de t'adresser
aussi quelques lignes. J'espère, chère mère,
par mon voyage, avoir détourné tous tes soucis à mon égard ; me voilà éloigné à plus de
40 milles de Paris, la ville malade du choléra, et dans une contrée où ce mal n'a jamais
pénétré. L'air sain et pur me fortifie le corps
et l'âme ; je travaille plus qu'à Paris, et pourtant il me reste plus de temps pour me dé-
lasser. Dans cette petite ville gracieuse, je me
trouve beaucoup mieux que dans le grand et
bruyant Paris, où l'on perd une grande partie
du temps à aller et venir, et où souvent la journée se passe sans avoir rien fait de convenable.
Souvent je pense combien je serais heureux à
Glogau ou à Grünberg, si je pouvais y vivre :
il ne faudrait pour cela qu'un petit emploi et
une bonne bibliothèque. Je t'assure, chère mère,
c'est le plus grand bonheur sur terre qui me
hante le cerveau. Quoiqu'occupé de travaux
pour lesquels je ne puis trouver d'éléments suffisants que dans de grandes villes, je me déci-
derais volontiers à accepter la direction d'une
école, ou un emploi analogue en Silésie, si je
pouvais y trouver une fonction suffisante. Cette
pensée, qui me préoccupe sans cesse, devient
encore plus vivace en moi dans cette localité,

où, en présence de sites naturellement attrayants, il ne me manque que la fréquentation de ma famille ; ici, cette privation m'est bien plus sensible que dans l'assourdissant et tumultueux Paris, où je vais bientôt rentrer. Reçois donc, chère mère, mes meilleurs souhaits de bonheur pour l'année qui commence ; puisse le ciel exaucer mes vœux et nous procurer bientôt la joie de nous revoir ! »

Le même jour, Munk écrit à sa sœur Charlotte

« ... Il est un voyage que je souhaite ardemment de faire : ce n'est ni en Italie, ni en Bavière, mais en Silésie. Je n'ai pas de termes pour t'exprimer combien j'ai la nostalgie du retour à la maison, au milieu des miens. Puisse le ciel me donner de voir se réaliser le vœu que je caresse depuis si longtemps, à mon entière satisfaction. Quelque tranquille que je sois, la pensée du foyer natal, et les difficultés qui jusqu'à présent se sont opposées à mon retour, me causent plus d'une heure troublée.

« Je te prie de m'écrire bientôt à Paris et de me communiquer quelques détails sur les chers enfants : dis-moi quelle tournure prend leur éducation, surtout celle des garçons. Combien je serais heureux si, vivant avec notre chère mère près de toi, je pouvais consacrer à tes enfants une partie de mon temps. Si ma situation et mes études le permettaient, cela ne me coûterait certainement pas d'échanger Paris contre Grünberg, et j'ai souvent regretté d'avoir choisi une carrière qui m'oblige de vivre dans une grande ville, du moins aussi longtemps que je n'aurai pas de position fixe. Je pense souvent que, comme médecin, j'eusse été plus heureux ; comme tel, j'aurais pu trouver des moyens d'existence dans le voisinage des êtres qui me sont le plus chers. Si j'avais des ressources, j'embrasserais encore maintenant cette carrière; c'est mon sérieux désir... »

Il est à peine rentré d'excursion, qu'il raconte à sa mère ses impressions, ainsi que ses hésitations, le 1<sup>er</sup> novembre 1832.

« TRÈS CHÈRE MÈRE, — Mon voyage a traîné en longueur plus que je n'aurais cru. J'ai réalisé mon vœu, de voir de plus près la magnifique région où je me suis trouvé, et j'ai parcouru une partie des monts de l'Auvergne. Par ce voyage, j'ai fait quelques connaissances importantes; je suis entré en relations avec un officier et un ancien député [1]; tous deux sont des personnages bien considérés, ayant surtout beaucoup d'influence sur le nouveau Ministère. Tous deux m'ont remis ces jours derniers des lettres de recommandation pour deux des ministres actuels; mais je ne sais pas encore quel usage j'en ferai, ou s'il se présentera seulement une occasion d'utiliser ces introductions. Je l'ai déjà souvent répété : ici, lorsqu'on n'est ni charlatan, ni intrigant, cela ne sert à rien d'être protégé. Il est possible qu'au milieu des travaux qui vont être entrepris dans les bibliothèques de cette ville, je trouve à m'occuper aux manuscrits orientaux; la concurrence n'est pas aussi grande là qu'ailleurs, et il se peut qu'il y ait un emploi pour lequel, en ce moment, je n'ai pas de concurrent à craindre dans Paris. Mais la question est de savoir si le Ministère restera assez longtemps au pouvoir, pour pou-

(1) Il s'agit de M. Anisson, dont Munk parlera dans sa lettre du 23 octobre 1833.

voir organiser définitivement les travaux dont je parle, et, en ce cas seulement, les recommandations pourront m'être utiles.

« En tous cas, j'ai lieu de me réjouir des connaissances faites ; car, provisoirement, elles peuvent m'aider à me procurer des occupations privées avantageuses. Quant à mes relations avec M. Beer, tu les as très exactement jugées. Certainement, j'attribue tout-à-fait à une générosité pure et entièrement désintéressée ce que M. Beer a fait pour moi et qu'il est encore prêt à faire ; il croit que, lorsque je suis chez lui, je puis dans une certaine mesure lui être utile dans ses occupations littéraires ; si j'avais cette conviction, le devoir de la reconnaissance commanderait de me rendre à son désir, sous n'importe quelle condition. Mais l'expérience m'a appris que, soit ses travaux poétiques, soit ses relations étendues, ne lui laissent guère de temps pour d'autres occupations, de sorte que notre séjour en commun est seulement utile à moi, non à lui. Considéré à ce point de vue, mon refus ne t'étonnera plus, et tu trouveras naturel que je ne puisse pas considérer une telle situation comme indépendante... »

En effet, à partir de ce moment, sa situation littéraire se consolide. Munk rédige des articles détachés, soit pour le *Dictionnaire de la conversation*, soit pour l'*Encyclopédie des gens du monde*, ou pour l'*Encyclopédie nouvelle*, de Pierre Leroux et Jean Reynaud. A cette dernière, Munk donne les articles Alfarabi, Algazali, Alkendi, Arabie (pour la partie concernant la langue, la littérature et la philosophie des Arabes), Averroés,

Avicenne, articles que Munk reprendra plus tard, en les développant, dans le *Dictionnaire des sciences philosophiques*. D'autre part, en 1832, sous la direction de M. Duckett, rédacteur en chef, le *Dictionnaire de la Conversation* venait de commencer à paraître, ayant pour collaborateurs les écrivains les plus renommés, presque tous les membres de l'Académie française, des membres d'autres sections de l'Institut, des magistrats, des généraux, etc. C'est au milieu d'une telle réunion que Munk est appelé à fournir sa part. — Seul, l'article *Cabale* est signé par lui, et l'on en retrouvera les éléments dans la *Palestine*. D'autres articles de littérature hébraïque ou arabe, non signés, sont peut-être de lui ; mais on ne saurait l'affirmer.

Comme souvent, écoutons l'auteur exprimer à ce propos, longtemps après, ses sensations intimes, dites aux siens, dans ses lettres du 4 juin 1833 et 28 mars 1834 ; voici la première :

« TRÈS CHÈRE MÈRE, — Par la première de tes deux lettres, j'ai vu avec regret que l'annonce maladroite d'un journal t'a causé quelque inquiétude. Pourtant je persiste à croire que les réflexions émises au sujet de la *Kabbalah* sont plutôt de la plaisanterie que des notes sérieuses. Tu ne supposes certainement pas que je sois devenu un *Baal Schem* (thaumaturge), ou que j'aie voulu en profane m'introduire par force dans le domaine d'une science réputée comme sacrée. L'affaire est très simple : L'œuvre où se trouve l'article est un recueil (1) qui traite sommairement tous les sujets de littérature, de science et d'art, d'après l'ordre alphabétique. Je suis chargé de rédiger plusieurs articles, qui concernent la littérature orientale et particulièrement le Judaïsme. A cette dernière section, naturellement, appartient aussi l'article sur la Kabbale, et je ne pouvais éviter de fournir sur ce sujet un aperçu rapide.

« J'ai entrepris ce petit travail d'autant plus volontiers, qu'il eût été confié à un écrivain quelconque : il aurait rabâché de vieilles âneries sur ce point, et rendu la question ridicule. J'ai, au contraire, écrit à ce sujet ce qu'à l'occasion j'avais appris de côté ou d'autre, sans m'être immiscé dans une étude approfondie de cette science, plus que je n'aurais voulu ; j'ai cherché au moins à présenter la matière de la façon la plus avantageuse pour nous, et même sans aucun préjudice pour la religion chrétienne. Je suis persuadé que cette explication te satisfera pleinement. Les personnes qui ont suscité en toi de l'inquiétude, — si elles comprennent le français, — pourront relire quelques-unes de mes opinions sur ce sujet dans le second volume de la *Bible* Cahen). »

Le 28 mars 1834, Munk écrit à sa sœur M<sup>me</sup> Charlotte Danziger à Grünberg :

« Les livres (les quatre premiers volumes de la Bible Cahen) sont, j'espère, arrivés, ou ils arriveront bientôt. Je les destine, il est vrai, à Louis (2) ; mais je ne suis nullement d'avis que l'œuvre, telle qu'elle est rédigée, soit appropriée à son jeune

----

(1) Il s'agit du *Dictionnaire de la Conversation*.
(2) Il s'agit du fils aîné de M<sup>me</sup> Danziger.

âge et au développement actuel de son esprit. C'est encore moins pour les enfants que sont écrites les notes de cet ouvrage, ainsi que mes deux mémoires ; en général, la Bible ne peut et doit être remise entre les mains de l'enfance qu'avec la plus grande circonspection et après un choix judicieux. Lorsque les travaux scolaires laisseront du temps à notre Louis, pour s'occuper un peu d'hébreu et de français, il faudrait lui indiquer dans la Bible tels passages à étudier, où il devra lire seulement le texte, puis la traduction, sans avoir recours aux notes et sans s'occuper d'elles. Non seulement elles lui seraient en partie incompréhensibles et peu en rapport avec son âge ; mais, en général, il y règne aussi un esprit que je désapprouve. C'est pourquoi j'ai été fort aise de voir, par quelques comptes-rendus de cet ouvrage, que la divergence entre mes opinions et celles de l'auteur n'a pas échappé aux lecteurs.

« Puisque jusqu'à présent les circonstances ne me sont pas assez favorables pour exécuter de grandes entreprises littéraires projetées , je cherche provisoirement à me faire connaître dans des recueils périodiques, par de menus écrits : j'ai même déjà un peu réussi — s'il y a lieu d'attacher de l'importance à ce fait, — à ce que, par ci, par là, mon nom soit mentionné dans les journaux. Depuis peu de temps, j'ai été reçu collaborateur d'une Encyclopédie qui paraît ici, dans laquelle plusieurs des écrivains les plus remarquables de Paris donnent des articles. Par une annonce qui a paru il y a quelques jours au *Journal des Débats*, l'organe public le plus autorisé de Paris, je vois avec plaisir que le premier article fourni par moi n'a point passé inaperçu. Pour une personne obscure comme moi,

il est spécialement agréable d'être cité à côté
des hommes les plus distingués, bien qu'en général, j'attache peu de poids à la publicité ; c'est
souvent assez facile à obtenir, surtout en France.
Comme cette annonce est fort courte, je la dé-
coupe et la voici :

La 18<sup>e</sup> livraison du *Dictionnaire de la Conversation*, vient de
paraître. Une lecture rapide nous a permis d'y remarquer plus
particulièrement un travail plein d'érudition et de profondeur
sur la Cabale par M. Munk, l'un des plus savants Israélites de
l'époque, ainsi que les articles Cacochymie, par M. Laurent ;
Café, par M. de Salvandy, et Calas par M. de Pongerville.

« Je te l'envoie seulement pour te faire plaisir, mais non pour la montrer à des étrangers.
Je sais que, chez nous, on attache à ces choses
plus d'importance qu'elles n'en ont ; c'est ce qui
m'a empêché d'envoyer parfois des feuilles où
quelques-uns de mes menus travaux sont cités
avec bienveillance. Ce que, sans conséquence,
on peut et doit montrer à des parents et à des
sœurs, serait à juste titre considéré auprès des
étrangers comme vantardise. J'espère que tu
prendras cette remarque à cœur... »

Cette expression de la réserve, ou d'une sorte
de pudeur qu'il éprouve à l'égard d'autrui, en
dehors de sa famille, opposée au légitime succès
et aux encouragements que suscitent ses premières œuvres, que doit-elle inspirer à Munk
lui-même ? Ne révèle-t-elle pas à nouveau son
indécision ? On prend part, pour peu que l'on y
songe, aux hésitations qui ont troublé Munk
dans la direction de sa vie, et l'on voit quelle
susceptibilité le fait pencher finalement du côté
de l'indépendance : on assiste, non sans un cer-

tain soulagement, à la fin de cette lutte inté-
rieure, à la victoire d'où sortira l'activité littéraire. Il le déclare aux siens, en parlant de son
ami et protecteur Michel Beer, dans ces termes :

« Il y a quelques jours, écrit Munk à sa mère
le 21 août 1832, j'ai reçu une lettre de M. Beer,
qui se trouve actuellement à Baden. Il m'a invité
à venir auprès de lui, afin de passer avec lui
l'hiver, soit à Munich, soit en Italie. Provisoirement, je n'ai pas pu consentir, ayant déjà pris
l'engagement dont je viens de parler. Je ne
sais encore si je consentirai plus tard : cela
dépendra des occupations plus ou moins avantageuses qui, après le retour de mon voyage
actuel, me seront offertes à Paris pour l'hiver.
Quoique le voyage avec M. Beer me soit très
agréable, je ne suis pas trop enclin par les mo-
tifs déjà signalés, surtout à un moment où je
manque rarement d'occupations. M. Beer sait
bien que je n'aime pas à faire un voyage avec
lui, par crainte de devoir à nouveau recourir à
sa générosité ; aussi cherche-t-il dans sa lettre
à me tranquilliser à cet égard, me donnant à
entendre combien le sacrifice lui coûte peu, et
que, si je voulais, je n'aurais pas de soucis à
avoir, aussi longtemps qu'il est dans l'état
actuel, de m'adonner sans inquiétude à mes
travaux littéraires. Tu connais, chère mère, mes
idées à ce sujet, et je crois que tu es de mon avis.
Si grande que soit ma confiance dans la noblesse
et la loyauté de M. Beer, le fait de savoir que
je gagne ma vie par mon propre travail est une
satisfaction pour moi, dont la perte ne saurait
avoir pour compensation le manque de soucis.
Evidemment, dans aucune de ces alternatives,
je n'ai de vrai but ; mais l'espèce d'indépendance

où je me trouve maintenant me rapproche davantage de ce qu'on peut nommer un but. Au moins, je passe toujours mon temps à Paris avec fruit, et bien que j'aime à voyager et voir le monde, j'avoue que s'il s'agissait de quitter entièrement Paris, je ne le ferais avec plaisir qu'à la seule condition d'avoir la joie de l'échanger contre mon sol natal. »

Brusquement, cette belle liaison est réduite au néant par un événement imprévu. La fin prématurée de Michel Beer, décédé à Munich le 22 mars 1833, frappe Munk dans ses sentiments affectueux, et il exhale sa douleur dans une lettre désolée qu'il adresse sur cet événement à sa mère le 12 mai :

« Bien-aimée mère, — Quel chagrin cruel le ciel m'a départi! Tu l'as vu par ma lettre à Weiss. J'ai écrit cette lettre sous la première impression de la terrible nouvelle qui m'était arrivée. Je suis, il est vrai, devenu plus calme depuis ; mais le souvenir de l'ami et bienfaiteur qui m'a été ravi subitement ne peut que me remplir du plus profond abattement. Ce n'est pas la perte personnelle que je pleure; ce qui m'a le plus ému, c'est l'anéantissement soudain d'une existence aussi brillante, encore si riche en espérances, et qui eût pu rendre encore heureuses tant d'autres existences. A la première nouvelle de sa maladie, les frères de mon ami se sont rapidement rendus à Munich ; lorsqu'ils sont arrivés, ils l'ont trouvé sans vie, et ils n'ont plus eu que la consolation dernière d'assister à l'enterrement.

« M. Wilhelm Beer a eu l'attention de m'en faire part aussitôt de Munich, afin que, selon son expression , je n'apprenne pas soudain le malheureux événement par les journaux. Mais la fatalité a voulu que j'éprouve le chagrin dans toute son amertume ; car M. Beer n'a pas mis exactement mon adresse, et la lettre m'est arrivée après trois jours de retard. Dans l'inquiétude où il était que le décès de son frère n'eût une influence immédiate sur ma situation, il m'a prié de continuer envers lui et ses frères la condition dans laquelle je me trouvais à l'égard du défunt. Tu t'imagines aisément quelle a été ma réponse sur ce point. Les obligations que j'ai contractées envers le décédé me pèsent encore de trop, pour que j'accepte de nouvelles obligations de même nature.

« Quelle douleur pour la vieille mère ! Le défunt était son préféré. Je ne lui ai pas écrit ; mais à M. Wilhelm Beer j'ai fait connaître la raison. Je ne saurais lui offrir de consolation. J'ai fait ici la connaissance de cette dame par son cher fils, qui vient de lui être enlevé, et chaque mot de moi lui arracherait le cœur. Combien son sort est peu enviable, malgré l'éclat de sa situation extérieure !... »

D'autre part, l'affection sincère que portait à Munk le poète Michel Beer nous est signalée par une lettre de son frère, par Meyerbeer. Celui-ci écrit de Berlin le 24 du même mois :

« TRÈS ESTIMÉ M. MUNK, — Comme ma mère m'en charge, j'ai l'honneur de vous informer qu'en ouvrant le testament de feu mon frère Michel, elle y a lu que celui-ci vous a légué une somme de mille reichsthaler en or (1),

_________

(1) Environ 4000 fr.

en souvenir de son amitié. Veuillez donc retirer cette somme en banque chez M. Léo (rue Louis-le-Grand). Voilà plus de deux mois que la maladie nous a enlevé notre Michel ; mais le cœur de la mère frappée saigne encore autant qu'au premier jour de cette perte. Le chagrin a malheureusement influé sur son état de santé, et ce sont particulièrement ses yeux qui souffrent. Je vous prie donc, au cas où vous croirez peut-être devoir lui écrire, de toucher aussi peu que possible à l'objet de son chagrin éternel. »

Cette dernière recommandation était inutile : on vient de le voir par la lettre qu'écrivait Munk à sa mère, le 12 mai précédent. Les deux amis, qui devaient un jour être confrères à l'Institut de France, avaient eu la même pensée, simultanément. et les expressions de leur pensée commune s'étaient croisées sur la route de Paris à Berlin.

Quant au legs annoncé dans cette lettre, le destinataire eut bien vite résolu de le refuser. Un biographe français de Munk, Ernest Desjardins (1), qui a donné des détails sur la vie et les œuvres de l'Orientaliste au moment de son élection à l'Institut, a le premier révélé au public cet acte de désintéressement : « Nous devons ajouter, dit-il, à l'honneur de M. Munk et de la dignité des lettres, que Michel Beer le poète, son ami intime, frère de Meyerbeer, l'avait institué son légataire ; mais à la mort de

(1) *Comptes-rendus des séances de l'Académie des Inscriptions et belles-lettres.* t. ii, p 391.

Michel Beer, M. Munk refusa d'accepter cet héritage par un scrupule d'excessive délicatesse, dont aurait pu le dispenser la fortune bien connue des deux frères Beer, fils tous deux du banquier allemand Jacques Beer. Nous devons la connaissance de ce trait honorable à un ami de M. Munk, et nous craignons presque de déplaire au savant et modeste académicien, en rendant public un fait dont il n'a jamais parlé. » Maintenant, depuis la publication de la correspondance de Munk, on a la confirmation de ce détail, par la lettre de Munk à sa sœur en date du 9 juin 1833, où il écrit :

« Il me reste à ajouter une réponse à ta seconde lettre. Déjà, par ma lettre adressée récemment à notre chère mère, tu as appris qu'en ce qui concerne feu Beer, je n'ai pas agi conformément à tes vues, et que, du reste, ton conseil est arrivé trop tard. Bien que la somme qui m'a été offerte m'eût mis aussitôt en état de contenter mes désirs les plus intimes, je n'ai pu me décider à l'accepter. Précisément parce qu'un tel argent m'aurait en ce moment rendu heureux sous plus d'un rapport, je n'ai pas voulu le devoir à un malheur. Il y a là un sentiment de répulsion, qu'il m'est impossible de surmonter.

« D'autres considérations encore sont venues s'ajouter à ce sentiment : les bienfaits dont m'a gratifié feu Michel Beer m'ont pesé lourdement, surtout parce qu'il m'a été enlevé, avant que j'aie eu la satisfaction de lui témoigner ma reconnaissance d'une façon quelconque. Par le refus auquel je me suis décidé, je sens cette charge un

peu allégée : de cette façon, j'ai eu l'occasion
de donner à la famille Beer une preuve manifeste de mes véritables sentiments. Qui, du
reste, sait si jamais il se présentera pour moi
une circonstance semblable de désiller les yeux
des gens riches? Ils doivent supposer que l'attachement qui leur est témoigné par des gens
pauvres a des mobiles intéressés! Il faut leur
prouver que, même dans une situation peu
avantageuse, on peut et doit mépriser l'argent ;
il en sortira peut-être des conséquences morales
que j'estime bien au-dessus de la somme offerte.
Et ce qui me prouve que sur ce point je ne me
suis point trompé, c'est une lettre que j'ai reçue
il y a peu de temps de M. Wilhelm Beer. Ma
décision n'a pas été méconnue ; elle a été exactement appréciée et fort bien accueillie .. »

De longs mois après, le même sujet préoccupe
encore Munk, ainsi que l'atteste la lettre suivante, du 20 octobre 1833.

« BIEN-AIMÉE MÈRE, — Récemment, j'ai parlé
à Meyerbeer, pendant son court séjour à Paris.
J'eusse volontiers évité cette rencontre, si c'eût
été possible : pour l'un comme pour l'autre, le
chagrin (du décès de Michel Beer) a été renou-
velé. Là j'ai pu me rendre compte combien richesse et grandeur contribuent peu au bonheur. Cet homme, qui s'est acquis une renommée colossale, qui possède en abondance
des biens terrestres, était abattu. Le souvenir
encore vivace de son frère, l'état lamentable
de sa mère brisée par la douleur, sa femme
souffrant d'une maladie de poitrine, tout cela
pèse plus sur lui que tout l'éclat qui l'entoure,
et il n'y a pas de quoi l'envier. Il part maintenant, avec sa femme malade, pour l'Italie,

où sa mère s'est déjà rendue pour rétablir sa santé ébranlée. Elle souffre surtout des yeux ; mais il paraît que maintenant elle va un peu mieux... »

Les relations amicales entre Munk et Meyerber, antérieures au décès de Michel Beer, ne furent pas affaiblies par la mort du poète. On le voit à maintes reprises et pour de menus détails de la vie du Maître, qui continue à avoir un pied-à-terre à Paris, dans le voisinage de l'habitation de Munk (demeurant alors rue Duphot). Meyerbeer lui écrit à ce propos le 27 mai 1833, dans la lettre même où il est question de son frère décédé :

« Puisque vous avez eu la bonté de vous occuper de la préservation de mon appartement (rue de la Madeleine), où sont conservés mes effets, vous voudrez bien encore renouveler ma location pour six mois. Je ne sais plus quel est le prix de cette location, et lorsque vous aurez eu la complaisance de m'aviser, je vous adresserai un billet pour le montant dû.

« J'ai trouvé un volume latin où sont citées presque toutes les villes dont je voudrais que vous me traduisiez tous les noms, bien entendu juste de la façon dont nous sommes convenus. Je vous l'enverrai prochainement, souhaitant que votre temps vous permette de m'adresser bientôt ces leçons écrites[1].

« Comme j'ai laissé femme et enfant à Baden-

---

[1] Il faudrait savoir à quoi se rattache ce désir littéraire, ainsi que l'insistance du Maître, formulée un autre jour, à se procurer une « Vie anecdotique de Frédéric II. »

Baden, étant arrivé seulement il y a six semaines
ici auprès de ma pauvre mère pour la consoler,
je compte rentrer à Baden-Baden dans quelques
jours. Si donc vous me faites le plaisir de m'é-
crire, je vous prierai de m'envoyer votre lettre
à Baden-Baden, poste-restante. Avec les meilleurs sentiments, je suis votre dévoué,

J. MEYERBEER. »

A plusieurs reprises, le musicien demande à
Munk de lui indiquer quel jour de la présente
année, en date vulgaire, se trouve être l'anniversaire de naissance de sa mère, dont il ne
connaît que la date juive, le 15 *Schebat*. Une
autre fois, de Boulogne, le 29 septembre 1839,
Meyerbeer, au nom de sa mère, écrit à Munk,
pour le remercier de s'être intéressé à un malheureux jeune homme de Berlin, ajoutant que
l'état de santé de sa mère, ainsi que de sa belle-
sœur laisse bien à désirer. — Par une lettre
précédente, du 16 août, Meyerbeer[1] adresse aussi
des compliments de sa mère.

Entre temps et tout en poursuivant ses travaux, notre écrivain est sans cesse préoccupé
du sort des siens, autant de sa famille en particulier que de ses coreligionnaires en général.

Le 24 août 1833, Munk écrit de Paris à son
beau-frère John Meyer :

« . . . . Vos communications au sujet des Juifs
de Posen ne m'ont pas surpris. Pour la situation

---

[1] C'est à l'hôtel Meurice, où il demeure, qu'il demande une
réponse.

des Juifs en Prusse, il n'y a pas d'amélioration
à attendre de la part du gouvernement. En Angleterre, on n'a émancipé les catholiques que
par crainte de représailles ; le bill relatif aux
Juifs a, de nouveau, été rejeté. Peut-être désormais reverrons-nous les Juifs libres au Portugal
avant de l'être en Angleterre ou en Prusse.
Ecrire à l'encontre de ces faits est tout-à-fait
inutile ; on a bien assez gaspillé de papier pour
ou contre les Juifs : la matière est épuisée. Il
n'est pas de la dignité des Juifs de défendre encore leurs droits incontestables dans les feuilles
publiques, d'autant plus que leurs adversaires
sont inaccessibles à tout sentiment d'humanité.
Il ne nous reste qu'à regarder nos oppresseurs
avec le plus profond mépris et à supporter l'oppression avec soumission, comme nos ancêtres
au moyen-âge, jusqu'à ce qu'il plaise à la Providence de nous secourir dans notre droit, d'une
façon ou de l'autre. Evidemment, dans les journaux d'ici, on pourrait blâmer la conduite hon-
teuse de nos gouvernants, et cela se fait parfois :
toutefois cela n'a aucune portée. Le mépris avec
lequel on envisage unanimement ici de telles
bassesses n'a pas besoin de nouveaux renforts. »

Que cette question d'émancipation lui tienne
tant à cœur, c'est tout naturel, puisqu'elle l'a
mis dans l'obligation de s'éloigner des siens, de
chercher hors de son pays un champ d'activité.
Déjà, il n'en souffre plus personnellement ; mais
il se révolte en comparant l'état des siens avec
la situation de ses coreligionnaires en France.
Ainsi, peu de temps après, le 20 octobre 1833,
Munk écrit à sa mère :

« Quel contraste il y a ici avec le prosélytisme cauteleux de la Prusse ! Combien la France est différente ! En dehors des églises et de la synagogue, on ne songe plus aux distinctions de religion. Un certain M. Anisson, ancien député, dans la maison de qui j'ai donné des leçons pendant quelque temps (1) et qui est très lié avec le duc de Broglie, ministre des affaires étrangères, m'a offert maintes fois de me recommander au ministre. Simplement pour le contenter, j'ai écrit à M. de Broglie, et je lui ai offert mes services comme traducteur de correspondance orientale. Je savais d'avance qu'actuellement une telle place n'est pas vacante ; mais cela valait la peine de faire la démarche, ne fût-ce que pour recevoir la réponse. En la plaçant en regard de la réponse que j'ai reçue d'Altenstein avant mon départ de Berlin, on aura un spécimen intéressant de la brutalité d'un ministre prussien, formant contraste avec la délicatesse d'un français, étant donné que M. Anisson comme M. le duc de Broglie connaît ma qualité de juif. Voici la transcription de la réponse du duc de Broglie, écrite le 31 juillet 1833 :

Monsieur, — M. Anisson m'a remis et recommandé la demande que vous me faites l'honneur de m'adresser sous la date du 23 de ce mois. La composition actuelle du bureau des traducteurs ne laisse aucun emploi vacant dans mon département ; c'est avec regret que je me vois dans l'impossibilité de vous offrir une occasion de mettre à profit les connaissances que vous avez acquises dans l'étude des langues orientales. Si cependant une circonstance favorable se présentait, je mettrais beaucoup de prix à vous être utile. Les vives recommandations de M. Anisson me garantissent que je ne pourrais mieux placer ma confiance.

Agréez, Monsieur, avec l'expression de mes regrets, l'assurance de ma considération distinguée.

Signé : De Broglie.

(1) Voir la lettre de Munk du 1er novembre 1832.

« Vis à vis de cette lettre, je rappelle la réponse d'Altenstein, ainsi conçue :

Le Ministère vous fait savoir qu'aussi longtemps que vous ferez partie de la confession mosaïque, il n'aura pas lieu de vous procurer un appui pour étendre votre éducation scientifique.

« Un point! La simple comparaison entre ces deux textes dispense de tout commentaire. »

Dans la correspondance de Munk, il n'est guère question d'autres personnages politiques, ou influents. Cependant, les relations de ce genre n'ont pas dû lui manquer. Ainsi, dès 1832, peut-être même auparavant, il était lié avec Victor Cousin, probablement sur la présentation du philosophe allemand Ritter ; puisque le 27 novembre de cette année, un billet du Pair de France « à son cher M. Munk » l'invite à venir le rejoindre au ministère de l'instruction publique. « J'aurais grand plaisir, dit Cousin, à y causer avec vous de vos affaires. » Qui eût prédit alors que le même philosophe, 31 ans plus tard, le 21 juillet 1863, écrirait de la Sorbonne à Munk en ces termes :

« MON CHER ET SAVANT CONFRÈRE, — A la place des beaux cadeaux que vous m'avez faits 1) et dont j'ai fort profité, voici un livre 2) où du moins vous verrez que je me suis plu à vous rendre justice. Soyez assez bon pour vous

(1) Les deux premiers volumes du *Moré* et les *Mélanges de philosophie*.

(2) *Histoire générale de la philosophie*.

faire lire ce que je dis d'Avicebron et de Maïmonide. Sur ce dernier, je suis entièrement de
votre avis, contre notre très savant ami Franck,
qui fait de Maïmonide un philosophe absolument orthodoxe. Mais c'est assez vous fatiguer.

« Agréez, je vous prie, mes compliments et
remerciements. »

Certainement, ces liens ont dû se resserrer à
la suite des articles encyclopédiques de Munk,
un peu épars. Dans ses débuts littéraires, en effet,
et malgré l'incertitude où il se meut, Munk a
plus ou moins vaguement l'intuition de s'a-
donner à la littérature judéo-arabe. Mais, dans
ce domaine, quelle branche, quelle spécialité,
choisira-t-il ? Il est probable que ses affinités
l'ont porté à étudier de près les exégètes juifs
du moyen-âge, qui sont autant philosophes que
théologiens. En sectateur de la religion de Moïse,
ou de son premier législateur, non moins imbu
des doctrines du libéral Mendelssohn surnommé
le troisième Moïse, Munk se rend compte des
opinions du second Moïse, ou Moïse Maïmonide,
plus connu jusque-là par son abrégé talmudique
*Yad ha Hazaka* (main forte) que par son *Moré Neboukhim*, « guide des égarés. » On sait que cette
œuvre, dès le commencement du XIII⁰ siècle,
suscita dans le sud de la France une lutte achar-
née entre les partisans de la liberté de penser et
ses adversaires. Pour bien étudier ce grand ouvrage, notre jeune orientaliste ne se contentera
ni de la version hébraïque faite par Samuel Ibn

Tibbon, obscure parfois à force de littéralité, ni de la version due à Juda al Harizi, qui, pour être moins servile, s'abandonne trop souvent à la paraphrase, encore moins de la version latine, qui n'est qu'une traduction de l'hébreu. Remontant à la source, Munk s'attaque au texte arabe, dont il trouve des manuscrits partiels à la Bibliothèque (royale) de Paris, sauf à compléter plus tard ces manuscrits par d'autres, hors de la France.

En attendant qu'il puisse un jour publier ce texte intégral, le traduire et l'annoter, il va en donner un spécimen approprié au second mémoire qu'il fournit à la traduction de la bible Cahen, sous le titre de : *Réflexions sur le culte des anciens Hébreux dans ses rapports avec les cultes de l'antiquité*, pour servir d'introduction au *Lévitique* et à plusieurs chapitres des *Nombres* (au t. IV de cette Bible, en 1835). Ce mémoire est suivi de deux textes inédits. Le premier est intitulé : *Lois de Manou*, livre V, traduit littéralement du sanscrit, avec notes (20 p.); le second texte a pour titre : *Deux chapitres de la 3ᵉ partie de la Direction (sic) des Egarés*, par le Réis de la nation israélite, Mousa Ben Maïmoun de Cordoue » (12 p.).

Sans discontinuer, le culte voué à Maïmonide sera développé par Munk, sa vie durant, et accru par des recherches de même nature. Puisqu'Aristote, dans le *Guide* de Maïmoni, est sans cesse invoqué, discuté et combattu, il importe de bien le connaître. Aussi, Munk l'étudie à fond

2*

et publie le résultat de son étude. En envoyant
à la *France littéraire* (novembre 1834), son article
*Aristote*, il l'accompagne de la lettre suivante :

« MONSIEUR LE DIRECTEUR, — L'article sur la
philosophie d'Aristote, auquel je vous prie de
vouloir bien accorder une place dans votre esti-
mable recueil, était destiné d'abord à l'*Encyclopédie pittoresque*. MM. les directeurs, après me
l'avoir positivement demandé, ont trouvé que
ma manière de voir n'était pas d'accord avec ce
qu'ils appellent « le système philosophique de
l'encyclopédie ». Mais je n'ai pas cru devoir me
soumettre à leur contrôle, et je m'adresse à votre
public d'élite, qui voudra, je l'espère, accueillir
ce résumé avec quelque intérêt. Si vos lecteurs
trouvent en plusieurs passages de ce travail certaines lacunes, ils devront réfléchir que sa des-
tination primitive rendait nécessaire l'omission
de quelques points pour éviter des répétitions.
Je me réserve de donner, par la suite, de nouveaux développements à cette matière. »

Notre écrivain a l'esprit dominé, jusque dans
ses autres œuvres, par la poursuite du même
but. Quatre ans après, en 1838, dans la collection
de la Bible Cahen (au t. ix), on retrouve le même
sujet, à propos du mémoire suivant de Munk :
« Notice sur R. Saadia Gaon (1) et sur la ver-
« sion arabe d'Isaïe, et sur une version persane
« manuscrite de la Bibliothèque royale, suivie
« d'un extrait du livre *Dalàlat al Hayirin*, en arabe
« et en français, sur les métaphores employées
« par Isaïe et par quelques autres prophètes. » Cet
extrait contient le chapitre XXIX de la seconde

(1) Peu après, en 1839, il donne aux *Israélit. Annalen* de Jost
(t. i, p. 22 et 30) un article intitulé : *Saadia Alfajumi*.

partie du *Guide*, traité de la même façon que les deux chapitres de la troisième partie, publiés dans le t. IV de la même Bible. — La notice sur le même R. Saadia Gaon est traitée de nouveau dans le *Journal asiatique*, en 1839, M. Munk étayant son étude sur des documents arabes et persans qui n'avaient pas pu paraître dans la Bible Cahen.

Pendant plusieurs années donc, Munk n'a que le souci de compléter les matériaux indispensables à sa publication, et — comme conséquence inévitable — d'aller pour cela à Oxford copier les textes arabes. Toute une série de lettres de Munk, adressées à sa mère et à sa sœur, sont presque uniquement consacrées à cet objet. Il écrit le 26 décembre 1834 :

« TRÈS CHÈRE MÈRE, — ... Pour ce voyage en Angleterre, je n'ai pas encore pris de résolution ferme, et pourtant il est bien clair que tôt ou tard je devrai l'entreprendre...

« Il ne faut pas du tout songer à faire venir ces manuscrits à Paris. Ce sera déjà une grande faveur si, à Oxford, je puis les utiliser en dehors de la Bibliothèque ; car, sous ce rapport, en Angleterre et en Allemagne, on est bien moins libéral qu'en France ; à Paris, je puis continuellement emprunter des manuscrits et les emporter chez moi, pour les feuilleter ou les transcrire à ma commodité. La traversée maritime, qui t'inquiète tant, mérite à peine que l'on en parle ; elle ne dure que quelques heures, et on la considère ici comme un voyage d'agrément. Mais tous ces plans sont encore vagues : une seule chose est bien résolue en moi, c'est le voyage en Silésie. Alors, nous pourrons causer verbalement et d'une manière plus explicite sur tout le reste que par lettre. Ma vie se dessine ici de mieux en mieux. Par l'intermédiaire de Meyerbeer, je suis entré en relations avec un des journaux les plus importants (*Le Temps*), où j'aurai l'occasion de me faire connaître parfois au grand public, par des articles littéraires; car, bien que ce journal soit politique, la littérature y trouve aussi sa place. Peut-être, par ces relations, mon vœu d'obtenir un emploi à la Bibliothèque royale pourra-t-il se réaliser; ce serait toujours un bon commencement [1]. Or, en Allemagne, il n'y a rien à espérer pour moi comme Juif. Du reste, avec l'aide de Dieu, nous nous entretiendrons sur tous ces points de vive voix. »

Il écrit à sa sœur le 6 février 1835 :

« A mon voyage en Angleterre je vais renoncer pour le moment, surtout parce qu'une circonstance heureuse, il y a peu de jours, m'a mis en possession du manuscrit qui contient la moitié des documents pour lesquels je voulais me rendre à Oxford. Si même je fais ce voyage, un plus court séjour à Oxford me suffira... J'ai déjà commencé à écrire dans le journal le *Temps*, et il importe beaucoup qu'avant mon départ j'y aie bien pris pied. Sous peu, j'espère avoir assez d'occupation pour cette feuille, afin de pouvoir vivre commodément par ce travail, sans devoir passer mon temps à donner des leçons... »

Peu après, le 24 mai 1835, il écrit à sa mère :

(1) On verra ce vœu s'accomplir quelques années plus tard, en 1838.

« Je compte quitter Paris dans les premiers jours de juillet. Comme j'ai réussi dans ces derniers temps à étendre largement mes collections littéraires, et que désormais un très court séjour à Oxford me suffira pour compléter les matériaux d'une œuvre qui sera de la plus haute importance pour les études orientales en général et pour le Judaïsme en particulier, je manquerais à un grand devoir si je n'apportais ce petit sacrifice à mon propre avenir et à la science. Donc, au commencement de juillet, je veux faire un petit voyage en Angleterre et y achever rapidement mon travail, au moins l'indispensable, ce qui n'exigera pas plus de deux à trois semaines. Aussitôt après, sans retard, je me mets en route pour la Silésie, où j'espère arriver en août et où je compte prolonger mon séjour jusqu'après les fêtes. Je m'arrêterai peu en route, car mon voyage n'a pas d'autre but que de te revoir, ainsi que les nôtres. Si c'est possible, j'irai en Angleterre encore plus tôt ; car l'impatience avec laquelle j'entrevois le moment de l'heureux retour à la maison ne me laisse plus le calme nécessaire à de sérieuses occupations. D'autre part, je ne pourrais m'astreindre au travail qu'il faut accomplir à Oxford, s'il exigeait une tension de l'esprit et ne consistait pas dans une copie matérielle ; mais je gagne par là cet avantage, en arrivant en Allemagne, de pouvoir promettre quelque chose de positif et d'avoir l'espoir de trouver des souscripteurs. »


A la faveur d'une halte faite heureusement à Londres, Munk décrit l'état moral et social des juifs anglais à cette époque.

« Très chère mère, écrit-il de Londres, le 2 août 1835. — Voilà dix jours que je suis à Londres, où je suis arrivé en très bonne santé. Puisqu'enfin j'ai eu la satisfaction de visiter la capitale du monde, je n'ai pu résister au désir d'examiner au moins ce qu'il y a de plus remarquable. A Oxford, où j'arriverai demain, s'il plaît à Dieu, je me remettrai très sérieusement à l'ouvrage. Oxford est une petite ville qui n'offre absolument aucune distraction. Là, je pourrai me livrer à mon travail sans nul dérangement et l'achever. Le bibliothécaire en chef a été jadis mon élève à Berlin, et je suis très bien recommandé d'ici à un autre directeur. Le temps et l'espace ne me permettent pas de raconter l'impression que Londres a faite sur moi, et de décrire tout ce que j'y ai vu. Je veux seulement te dire que je n'avais aucune idée de l'étendue de la ville, ni de son aspect imposant. Ce grandiose m'a tant surpris que Paris me semble n'être presque plus qu'un village comparé à Londres.

« J'ai vu un assez grand nombre de nos coreligionnaires ; j'ai rendu visite au Rabbin, dont la femme, à ce qu'il me dit, est apparentée à nous. Ce n'est pas qu'en général les Juifs de ce pays donnent des sujets de satisfaction, bien peu d'entre eux sont instruits. Plusieurs rues ne sont habitées que par eux, et c'est à peine si l'on en retrouve l'équivalent en Pologne et à Lissa. Les juifs de ce pays ont donc plus à faire qu'en Pologne pour se mettre au niveau de leurs concitoyens. Pourtant, ils jouissent de bien plus de liberté qu'en Allemagne. »

Si Munk a écrit quelque lettre d'Oxford, il est dommage qu'elle n'ait pas été conservée. Elle

nous aurait donné les impressions de notre
écrivain sur la bibliothèque Bodléienne, conservée dans cette ville et déjà enrichie, à cette
époque, de la collection David Oppenheim, dont
un catalogue sommaire faisait à peine pressentir
la haute valeur. Nous sommes réduits à devi-
ner les sensations de Munk devant ces monuments de notre littérature, à peine soupçonnés
et signalés alors. non encore décrits. Il a pu,
après une longue attente et non sans quelque
impatience, contempler tous ces trésors ; quoique principalement occupé à copier le texte
arabe du *Moré*, il a pu examiner de près bien d'autres échantillons de la littérature judéo-arabe,
qu'il eût été bien aise de publier également.

On le voit, par l'avertissement placé en tête
de la *Notice sur R. Saadia Gaon*, où Munk s'exprime ainsi :

« Les monuments littéraires des rabbins
arabes sont malheureusement perdus en grande
partie ; mais on en trouve encore un bon nombre
dans plusieurs bibliothèques ; celle d'Oxford en
possède les plus importants. L'étude de l'arabe
répandue parmi les théologiens israélites, pourrait seule un jour faire sortir de l'oubli ces précieux débris de la plus glorieuse époque des
rabbins. Pour les études bibliques, je me con-
tente de nommer le *Dictionnaire hébreu-arabe*
d'Aboulwalid, auquel Gesenius a emprunté
beaucoup de ses meilleurs articles, et les excel-
lents commentaires arabes sur tous les Prophètes (à l'exception d'Isaïe), par R Tanhoum
de Jérusalem, écrivain tout-à-fait inconnu par-

mi les rabbins, et qui est aussi l'auteur d'un *Dictionnaire talmudique-arabe.* J'ai annoncé moi-même, dans le t. IV de la *Bible* de M. Cahen, que j'avais l'intention de publier le texte arabe du *Moré Neboukhim,* accompagné d'une traduction et de notes, et j'en ai donné un spécimen. Je possède maintenant le texte tout entier, tiré en grande partie des meilleurs manuscrits d'Oxford. Mais, pour contribuer à répandre ces études, je compte publier, aussitôt que les circonstances le permettront, des extraits du *Moré,* ou bien même une chrestomathie arabe-rabbinique, pour laquelle j'ai recueilli un certain nombre de matériaux, et où trouveront place plusieurs écrits de rabbins arabes, dont il n'existe pas même de version hébraïque. Dans un des volumes suivants de cette *Bible,* je me propose de publier plusieurs chapitres de la seconde partie du *Moré* qui ont rapport à la prophétie. »

Cependant, la littérature arabe a bien des aspects plus attrayants pour le grand public, aspects que Munk connaît dans toute leur variété, et pour faire apprécier combien cette poésie a de pages chatoyantes, notre orientaliste quitte un moment le domaine de la philosophie. Le premier mémoire que Munk donne au *Journal asiatique* est intitulé : « Essai d'une traduction française des séances de Hariri (1). »

Après quelques considérations sur la poésie arabe comparée à la poésie hébraïque, Munk donne la traduction de la 1re et de la 3e *Makama* séance. A l'imitation de la traduction alle-

_______

(1) *Journal asias.,* 1834, t. xiv, p. 540 et suiv.

mande, par Rückert, il essaye dans sa traduction d'imiter la forme de l'original arabe, forme qui consiste en une prose rimée entremêlée de vers. La langue allemande, il est vrai, se prête aisément à rendre le parallélisme des phrases de l'auteur arabe ; en français, au contraire, on ne peut pas se donner la même liberté. Aussi, malgré toutes les peines qu'a prises Munk pour rendre ce texte en français, ce qui était un véritable tour de force, son Essai n'a pas beaucoup plu. En vain, l'année suivante, il décrit dans le *Temps* ce genre de poésie (1 ; il finit par abandonner son projet de publier un choix des séances de Hariri.

Une réminiscence de ce travail se retrouve, après un long intervalle de temps, dans la Leçon d'ouverture du cours d'hébreu au Collège de France (2), en ces termes :

« Il est à remarquer que les Arabes, même à l'apogée de leur civilisation au moyen-âge, ne sont jamais parvenus à avoir des historiens supportables ; leurs historiens et leurs chroniqueurs racontent comme des enfants. Un Thucydide, un Tite-Live, un Tacite, seraient absolument impossibles dans une langue sémitique quelconque. Lorsque les Arabes ont voulu faire du style élégant, ils sont tombés dans le puéril et l'insipide. Ce sont des allitérations, des assonances, des jeux de mots, toutes sortes d'artifices

(1) Dans le n° du 4 mars 1835.

(2) *Revue des cours littéraires*, n° du 18 février 1867, ou t. II. p. 185.

qui peuvent bien un moment chatouiller l'o-
reille, mais qui à la longue deviennent insipides
et fatigants. Permettez-moi de vous en donner
une idée en citant quelques phrases d'une traduction que j'ai essayée autrefois des *Séances* ou
*Nouvelles de Hariri*. Un prédicateur dit, par
exemple, en parlant de la mort :

> Quand l'heure malheureuse arrivera,
> Quelle œuvre pieuse te survivra ?
> Quand dans la tombe tu reposeras,
>    Qu'est-ce que tu opposeras
> Aux questions qu'on te posera ?
> Quand devant Dieu tu plaideras,
>    Qu'est-ce qui t'aidera ?
> Depuis longtemps les années t'atteignaient pour t'éveiller,
>    Mais tu feignais de sommeiller.

« Et figurez-vous tout un ouvrage d'histoire
écrit dans ce style, comme par exemple la vie de
Timour par Ibn-Arabscha ! Cela devient insipide et fatigant. »

Ses autres articles donnés dans le *Temps* peuvent se répartir en trois séries, savoir: A. littérature biblique, B. littérature persane, C. littérature sanscrite, outre des articles de bibliographie
ou de critique littéraire. En rangeant ainsi ces
divers articles par groupes homogènes, sans se
préoccuper de leur ordre chronologique, on rat-
tachera à la première série les articles suivants :
« De la poésie hébraïque après la *Bible*, influence
chaldaïque et perse », (n° du 27 décembre 1834);
idem, influence arabe (n° du 19 janvier 1835.
« La *Bible*, traduction nouvelle, par S. Cahen »
(n°s du 19 mai et du 1er octobre 1836). « Sur la *Vie
de Jésus*, par David Fried. Strauss » (n° du 5

octobre 1836). — A la seconde série appartiennent les articles suivants : « De la poésie persane » (n° du 14 mars 1835); esquisse historique; considérations générales. « Les aventures de Kamrup » (nᵒˢ des 20 et 21 avril 1835), par Tahoin Uddin, traduites de l'Hindoustani, par Garcin de Tassy. « Poésie orientale, fragment d'un roman persan de Djami » (nᵒˢ des 2 et 10 juillet 1835). « *Takhlis al Ibriz fi Telkhis Baris* » (Purification de l'or pour la description succinte de Paris), par le Cheik Refaa Rafi al Tahlaoui (Caire, 1834, 8ᵒ), (n° du 14 février 1836). « Les œuvres de Wali, publiées par Garcin de Tassy » (n° du 8 décembre 1836. — Dans la troisième série il faut classer les études suivantes : « Fragments de littérature sanscrite » (nᵒˢ des 24 et 26 janvier 1836). « Essai sur la philosophie des Hindous, par H. T. Colebrooke », traduit de l'anglais, par G. Pauthier (nᵒˢ des 9 et 26 août, 18 septembre 1836). « Des rapports de la philosophie des Grecs avec celle des Hindous « (n° du 7 octobre 1836). « Sri Mahabharatam » composé par le grand saint Veda Vyasa (nᵒˢ du 26 décembre 1837 et du 3 février 1838). Il y a enfin d'autres comptes-rendus qui se rattachent à la littérature orientale ; ce sont : « Histoire de la philosophie, par Henri Ritter, traduite de l'allemand par C. J. Tissot » (nᵒˢ du 1ᵉʳ avril et du 8 août 1837); « Exposé de la religion des Druzes, tiré des livres religieux de cette secte et précédé d'une *Introduction* et de la *Vie du Khalife Hakem*

*Biamr Allah*, par le baron Silvestre de Sacy »
(n° du 2 mars 1838).

Après cette dernière date (1838), on ne voit
plus d'article de Munk au *Temps*. Que s'est-il
passé à ce journal ? Est-ce à une future rupture
que fait allusion M. Gustave d'Eichthal, dans
sa lettre à Munk, datée du 19 janvier 1838? Il
lui écrit en ces termes :

« Mon cher Monsieur, — Je n'ai pas encore
lu dans le *Temps* l'article que vous avez bien
voulu me promettre d'y faire insérer. S'est-il
élevé quelque obstacle qui ait empêché la réalisation de vos bonnes intentions? J'ai reçu, depuis, la réponse que les conseillers municipaux
israélites de Saint-Esprit ont faite à la lettre de
leur collègue. Elle est très remarquable, et je
désirerais beaucoup la faire insérer dans les
journaux de Paris. Mais, avant de faire une
autre tentative auprès du *Temps*, je désirerais
savoir s'il y a un refus d'insérer la première
lettre ».

Ce petit mot a son intérêt historique, puisqu'il
rétablit un fait peu connu, qui a échappé à
M. Léon, auteur de l'*Histoire des juifs de Bayonne*.
Heureusement, un jeune érudit de cette ville,
M. Gabriel Pereyre, nous a renseigné à ce sujet :
En 1837, nous écrit-il, il y avait à Saint-Esprit
une demi-douzaine de conseillers municipaux
juifs. On devait nommer le Maire. Nos coreligionnaires choisirent M. Isaac Rodrigues, et le
camp opposé en choisit un autre, non israélite,
en disant que le juif ne pourrait pas être maire;

à la suite de quoi, nos coréligionnaires adres-
sèrent une lettre collective à certains journa-
listes pour leur raconter ces faits et les intéresser à la situation.

On cherche en vain cette lettre, ou seulement
le récit de ce différend, dans l'œuvre précitée
de M. Henri Léon, du moins, nous ne l'avons
pas trouvée, bien que M. Léon entre consciencieusement dans beaucoup de détails de cette
histoire : « Sous la Restauration, dit-il, (p. 260 ,
dès l'année 1817, M. Josué Léon avait fait partie,
comme adjoint au Maire, de l'administration
municipale. Il continua à être maintenu dans
ces fonctions par le gouvernement de Louis-
Philippe jusqu'en 1832, époque à laquelle
M. Isaac Rodrigues le remplaça, pour être nommé maire en 1837 et en 1838. Charles Silva, docteur médecin, estimé de toute la population,
fut investi diverses fois des fonctions d'adjoint
au maire, en 1843, 1846 et 1848 ».

Plus loin, (p. 264-5). M. Léon revient sur cette
question : A Bayonne, dit-il, si les préjugés
contre les Israélites n'étaient pas éteints, les
passions s'étaient depuis longtemps apaisées, et
le suffrage universel que la Révolution avait
institué, ainsi que la réunion de Saint-Esprit à
Bayonne, allaient accentuer de plus en plus
leur participation aux affaires publiques, les
investissant de fonctions qu'ils n'avaient pas
remplies jusqu'à ce jour. Au Conseil municipal,
M. Auguste Furtado avait été investi depuis

1831 du mandat de conseiller et chaque élection voyait son nom revenir sur la liste des édiles.

Quoi qu'il en soit de cet incident, la collaboration littéraire au *Temps* a peut-être cessé par suite de la réalisation d'un vœu de Munk, depuis longtemps caressé : sa nomination à la grande Bibliothèque de Paris, alors bibliothèque royale. Dès le 1ᵉʳ novembre 1832, selon une lettre à sa mère, Munk a pour ambition d'être chargé d'une fonction à cette bibliothèque, dans la section des manuscrits orientaux. En 1838, après un séjour de dix ans en France, bien avant que notre écrivain ait obtenu la naturalisation et la qualité de citoyen français, ce n'est pas seulement le baron James de Rothschild (comme on l'avait dit jusqu'à présent), mais encore Meyerbeer, qui, à titre de confrère membre de l'Académie des beaux-arts, le présente au célèbre helléniste Letronne, directeur de la Bibliothèque (1). Munk est nommé d'abord à titre provisoire, et c'est bien plus tard seulement qu'il passe par les grades de surnuméraire, puis d'« employé (2) » (aujourd'hui, on dirait : sous-bibliothécaire).

Appelé à remplacer l'indianiste Loiseleur des Longchamps, Munk est aussitôt chargé de rédiger le catalogue des manuscrits bouddhiques et

(1) Lettre à Munk, datée du 11 décembre 1838.

(2) C'est de ce titre que sera orné le nom de l'auteur de la *Palestine*. Il s'était décidé finalement à se faire naturaliser, et le décret faisant droit à sa demande est du 11 janvier 1844.

védiques, dont cet établissement venait de s'enrichir (1). Il profite de cette occasion pour projeter la rédaction d'un catalogue complet de tous les manuscrits sanscrits qui faisaient partie des trésors entassés dans ce dépôt des produits littéraires de l'esprit humain. Pendant plus de dix ans, il s'adonne à l'étude et à la description des manuscrits orientaux rassemblés avec une rare persévérance, travail qu'il a continué d'une façon presque ininterrompue, jusqu'au jour où sa vue commença à s'affaiblir.

Son passage dans ce savant établissement, au milieu de ces vénérables reliques des temps passés, a laissé des traces ineffaçables dans la publication de documents précieux tirés des manuscrits hébreux. Dans cet ordre de recherches, il a porté spécialement son attention sur deux séries non encore décrites : 1° le fonds dit de l'Oratoire, série de manuscrits transférés en bloc du couvent de cet ordre religieux à la Bibliothèque *nationale*, sous la Révolution française, lors de la centralisation générale des livres précieux de toute la France à Paris ; 2° le fonds du supplément hébreu, ou manuscrits arrivés à la même bibliothèque soit par dons, soit par acquisitions, depuis l'impression du Catalogue général des manuscrits orientaux au milieu du XVIII<sup>e</sup> siècle (Paris, 1739, in-fol.), et enfin le

(1) Ce catalogue, par ordre alphabétique des titres, est arrêté à 1844 ; il a été continué par M. Michel Bréal, puis par M. Léon Feer.

fonds dit de la Sorbonne, également transporté
là vers la même époque.

A notre grand regret, ce catalogue descriptif
est resté inédit, parce qu'il a été considéré
comme dépassant les limites du cadre adopté
pour la description des autres manuscrits de
cette bibliothèque ; cependant les fruits essen-
tiels de cette étude ne sont pas perdus. D'abord,
le total des bulletins consacrés à décrire les
deux séries de manuscrits ont été réunis en deux
volumes, formant les n<sup>os</sup> 1298 et 1299 du nouveau
catalogue des manuscrits hébreux ; ils sont
ainsi à la disposition du public savant. Ensuite,
les particularités nouvelles pour la littérature
rabbinique, des détails jusque-là obscurs, d'opinions, de doctrines, parfois même de biographie,
révélés par ces textes, ont été mis en lumière
par Munk dans son article *Juifs* du « Dictionnaire des sciences philosophiques » sous la direction d'Ad. Franck, repris et notablement développé par l'auteur dans ses *Mélanges de philosophie
juive et arabe* (1), comme nous l'apprennent les
notes et les références au bas des pages consacrées à ce sujet, avec renvois aux manuscrits en
question.

En outre, cette source de richesses littéraires
devait bientôt s'accroître par une mine de documents nouveaux, à la suite d'une circonstance
aussi grave pour le judaïsme en général que

(1) Pages 471, 485, 490, 496-498, 500, 502-505, 507-509.

pour notre écrivain en particulier ; et c'est là
que la connaissance pratique de l'arabe va servir Munk à merveille, dans les divers buts qu'il
se propose.

## III

Sur le chapitre suivant de la vie de Munk il
y a lieu d'insister et de s'arrêter longuement,
en considération des services que l'orientaliste
a rendus, non seulement à la littérature sémitique, mais encore aux questions de tolérance,
d'émancipation et d'humanité. Ces considérations, du reste, sont corroborées par les correspondances de Munk lui-même à sa famille et
à ses amis, pleines de faits et de renseignements,
qu'il sème d'une main largement ouverte. Entre
1835 et 1840, Munk n'écrit aux siens que des
lettres intimes, sans importance, et leur éditeur
a cru devoir les passer sous silence. Mais, en
arrivant au drame de Damas, les récits s'a-
niment et donnent une émotion communica-
tive. Voici une première lettre à ce sujet, qui
constitue pour ainsi dire le prologue sommaire
de l'action :

*Paris, 31 mai 1840.*

« CHÈRE MÈRE. — Ce qui préoccupe maintenant les juifs d'ici, ce sont les tristes événements
de Damas, où le Consul français a joué un rôle
misérable. Sous tout autre ministère, cet homme

serait déjà révoqué et appelé à rendre des
comptes : malheureusement, il y a maintenant
à la tête un de ces politiciens sans foi (Thiers),
qui bavarde très libéralement, mais qui manque
de sens moral pour la vérité et la justice. Il
finira par avoir la main forcée : je sais, de
source certaine, qu'il y a quelques jours le prince
Metternich a adressé ici au Ministère de sérieuses réclamations. D'après les dernières nouvelles authentiques d'Alexandrie, la persécution a cessé par suite de l'ordre sévère donné à
ce sujet par le vice-roi : la procédure exercée
jusqu'à ce jour contre les juifs à Damas est déclarée nulle. Tous les aveux arrachés par la
torture sont anéantis, et l'on va introduire à
nouveau un procès régulier. Quatre des accusés
sont malheureusement morts sous les tortures.
Il n'y a pas de doute que les survivants seront
libérés. Déjà le vice-roi a reconnu que l'accusation était mal fondée. Il n'est pas même prouvé
que le prêtre disparu soit mort. En tout cas,
c'est un complot de chrétiens, où les Mahométans ont servi d'instrument sans le savoir. Grâce
au zèle du consul d'Autriche, tout ce tissu de
mensonges sera bientôt démêlé, et il se peut
que nous voyions le consul français apparaître
en accusé devant un tribunal d'ici... »

Mais, avant de continuer, il n'est peut-être
pas inutile de rappeler les faits à la génération
actuelle ; on verra comment, dans un pays où
la tolérance religieuse est de principe, plutôt
par mesure politique que par penchant ou tendance du gouvernement, l'esprit fanatique d'un
fonctionnaire français soutenu sans raison par
son chef hiérarchique a failli déchaîner des per-

sécutions contre les juifs, en renouvelant les tortures du moyen-âge. On semble assister à une autre « affaire » non moins terrible dans ses conséquences immédiates que l'*affaire* contemporaine, quoique plus rapidement jugée avec équité.

Un jour, le 5 février 1840, le gardien d'un couvent de capucins à Damas, le P. Thomas, disparaît avec son domestique. Le consul de France Ratti-Menton ouvre aussitôt une enquête sur cette disparition, qui cause une vive émotion dans la ville : par suite de la déclaration des Juifs que ce moine avait été vu la veille dans leur quartier, le consul les accuse, — sans la moindre preuve, — d'avoir tué le Père Thomas, « pour se servir de leur sang, disait-il, à la fête de Pâques. » Le gouverneur Schérif-Pacha, au lieu de procéder avec équité et justice, intervient en persécuteur des Juifs, les fait arrêter, les soumet à la torture, affame sans succès des enfants pour arracher de faux aveux aux mères, fait rouer de coups un jeune homme au point que peu après celui-ci meurt, le malheureux ayant témoigné avoir vu le P. Thomas entrer avant sa disparition, dans le magasin d'un turc. Soumis aux plus cruelles tortures, un vieillard de 80 ans succombe de suite, et d'autres ne pouvant supporter plus longtemps de terribles supplices avouent tout ce que l'on veut, pour aller au-devant de la mort. Avant la fin du procès, quatre autres succombent, et sur les neuf survivants, sept sont estropiés par les peines infligées (1).

Lorsque le gouverneur n'attend plus que de son maître Méhémet-Ali l'autorisation d'exécuter les victimes, le consul d'Autriche Merlato est ému et proteste contre ces actes de barbarie 2, en même temps que les Juifs d'Angleterre et de France. L'opinion publique était d'abord favorable aux accusateurs, à la suite des rapports envoyés d'Orient aux journaux d'Europe. La France, sur la demande de Thiers, alors ministre des Affaires étrangères, se montre également aveuglée par le fanatisme. Pour modifier cette opinion, il fallut l'éloquence et l'énergie d'Adolphe Crémieux, chargé par le consistoire central des Israélites de France d'aller défendre leurs frères de Damas auprès de Méhémet-Ali, à Alexandrie, en même temps que Sir Moses Montefiore était délégué dans le même but par la communauté juive de Londres. Crémieux et Montefiore, par l'entremise du consul général d'Angleterre, sont présentés au Pacha d'Egypte, qui est sensible à l'esprit de justice. Celui-ci accorde la mise immédiate en liberté des inculpés, prisonniers depuis six mois.

Reprenons maintenant les faits par les dé-

(1) V. H. Graetz, *Histoire des Juifs*, traduction Moïse Bloch, t. v, p. 389-406.

(2) C'est seulement quatre ans plus tard que Munk a connu le consul Merlato personnellement, se trouvant à dîner avec lui chez Crémieux, le mardi 9 juillet 1844, aux termes du mot amical d'invitation de ce dernier, placé sous nos yeux.

tails, en ce qui concerne l'intervention de Munk,
tels qu'il les raconte à sa mère, assistons aux
préparatifs faits tant à Paris qu'à Londres, et
suivons les étapes de cette pérégrination en
Egypte, accomplie dans un but humanitaire.
Toute une série de lettres vont nous édifier. Les
voici :

*Paris, 26 juin 1840.*

« TRÈS CHÈRE MÈRE. — J'ai différé jusqu'à présent de t'écrire, parce que je veux te parler
d'une circonstance assez importante, qui seulement en ces derniers jours est devenue l'objet
d'une résolution certaine : j'ai été sollicité instamment par l'avocat Crémieux, qui se rend à
Alexandrie pour soutenir la défense des Juifs de
Damas dans leur procès. Il me demande de l'accompagner comme secrétaire et interprète ;
puisqu'il ne sait ni l'arabe, ni l'hébreu, il ne
saurait se mouvoir dans ce pays, et il lui faut
quelqu'un qui non seulement connaisse ces
langues, mais auquel il puisse accorder toute sa
confiance pour l'aider de ses conseils dans la lé-
gislation juive et arabe. En dehors de moi, il n'a
trouvé personne à Paris qui réunisse toutes ces
conditions, et comme il ne s'agit pas d'une affaire
privée, mais d'un événement qui intéresse la totalité des Juifs, je ne puis refuser ma collaboration. Je me serais attiré des reproches justifiés,
qui eussent pesé sur moi toute la vie.

« Nous pensons partir dans une quinzaine,
peut-être même un peu plus tôt. Egalement
M. Montefiore, un des Juifs les plus riches et
les plus considérables de la communauté de
Londres, vient avec nous, accompagné par sa
femme, par son médecin et par son secrétaire,

de même qu'à Livourne nous serons rejoints par
quelques personnes notables de la communauté juive de cette ville. Je me trouverai donc
dans une société aussi nombreuse qu'intéressante. Du reste, le voyage s'accomplit maintenant très vite et très agréablement ; puisque de
Marseille, un bateau à vapeur de l'État part ré-
gulièrement tous les dix jours pour Alexandrie.
Tout le voyage dure environ 18 jours. Avec
cela, on s'arrête dans plusieurs localités un jour
entier, tel qu'à Livourne, à Malte et à Smyrne.
En outre, un voyage en Orient me convient
sous plusieurs rapports. Évidemment, j'aurais
souhaité de faire un tel voyage dans d'autres
conditions, et je n'aurais jamais pu rêver qu'il
aurait lieu en raison d'une persécution des juifs,
digne du moyen-âge. Cependant puisque la
Providence le veut ainsi, je considère que c'est
une impulsion divine qui me pousse à contribuer aussi pour ma part au salut des opprimés,
et d'avance je me sens pleinement récompensé
par la conscience de cet acte, surtout de ce que,
dans l'état actuel, tout fait présumer que notre
mission sera couronnée de succès. Je suis persuadé, chère mère, que tes sentiments de piété
te feront entrevoir ce voyage sous les couleurs
les plus sereines. Tu reconnaîtras aussi qu'il
m'eût été impossible de ne pas y consentir, et
si j'avais eu le temps de te demander ton avis,
tu m'aurais certainement conseillé d'agir ainsi.

« Dans trois mois, s'il plaît à Dieu, tu te ré-
jouiras de mon heureux retour, et tu pourras te
dire que j'ai apporté ma quote-part à l'exécution d'une œuvre grande et bonne. Mes chefs à
la Bibliothèque ont également compris que je ne
puis rester en arrière, et, en raison de l'importance de la cause, ils m'ont accordé un congé,

bien que mon absence soit un dérangement pour l'Administration. Ils m'ont même annoncé que, pendant mon absence, mon traitement ne me sera pas retenu. J'espère, chère mère, que tu me donneras pour la route des vœux joyeux et de bonnes espérances, sans laisser place aux inquiétudes. Partout nous sommes entre les mains de la Providence ; les relations entre la France et l'Egypte sont si fréquentes, que l'on considère ici un voyage à Alexandrie comme une promenade. M. Crémieux, qui pour quelque temps quitte femme et enfants, apporte un plus grand sacrifice que moi qui suis déjà éloigné des miens, et m'éloigne seulement un peu plus. Sous ce rapport, je n'aurais même pas l'apparence d'une excuse en m'abstenant. J'oubliais de dire qu'ici et à Londres les richards juifs ont réuni des sommes importantes pour couvrir les frais de ce grand procès. Sur ces sommes on paiera les frais de voyage de M. Crémieux et de moi. M. Montefiore qui est très riche, voyagera à ses propres frais.

Le même jour, 26 juin 1840, Munk écrit à son beau-frère John Meyer :

« Les feuilles anglaises du 23, arrivées ici hier, parlent beaucoup de l'événement juif. Toutes expriment leurs éloges aux Juifs européens, surtout aux Anglais, et blâment amèrement le ministre français Thiers, qui a traité l'affaire de la façon la plus indigne, tandis que lord Palmerston s'intéresse aux Juifs de la manière la plus noble. Ces feuilles contiennent aussi un rapport circonstancié sur une réunion qui a eu lieu, il y a quelques jours, dans la synagogue de Dukes-Place où l'ancien Sherif de Londres, sir

Moses Montefiore, a fait ses adieux à ses coréligionnaires en termes fort touchants. Ce noble personnage a déjà deux fois accompli le voyage à Jérusalem, avec sa femme, par simple piété. L'été dernier, j'ai eu l'occasion de faire sa connaissance, et celle de sa femme, au retour de leur second voyage. Il est très considéré en Égypte, et sa présence personnelle nous sera certes fort utile. Les sommes recueillies à Paris et à Londres pour couvrir les dépenses s'élèvent déjà à 250.000 francs, et les donateurs se sont engagés à doubler la mise s'il le fallait. Nous attendons M. Montefiore la semaine prochaine à Paris, où il va s'arrêter quelques jours. Le 21 juillet, nous nous embarquons à Marseille, et dans les premiers jours d'août, s'il plaît à Dieu, nous serons à Alexandrie. Nous ne savons encore si nous irons en Palestine ; mais c'est très probable, surtout si, comme on l'espère, les événements prennent bientôt une tournure favorable à Alexandrie... »

En dehors de l'histoire générale de cette affaire, combien de traits de mœurs et de portraits nous ont été conservés par la correspondance de Munk ! La lettre suivante est un petit tableau d'intérieur, pris dans la vie de famille à Marseille, il y a 60 ans, le 19 juillet 1840 :

« Très chère mère. Il y a ici beaucoup de juifs de la Syrie, qui entretiennent des relations continuelles avec l'Orient ; par eux on peut apprendre beaucoup de choses intéressantes et utiles à connaître sur ces contrées et leurs habitants. L'un d'eux, un certain M. Altaras, très riche et fort bien considéré, président de la communauté juive d'ici, m'a rendu visite ici vendredi, dès mon arrivée. J'ai dû dîner hier chez lui, et je me suis trouvé en compagnie arabe, servi de mets arabes. Sa belle-mère octogénaire, qui a quitté seulement la Syrie il y a quelques années, s'est trouvée là en costume oriental de sabbat comme chez elle : j'ai eu beaucoup d'agrément à m'entretenir avec cette vieille femme dans sa langue maternelle, ce qui l'a fort étonnée autant que réjouie, car elle ne comprend presque pas un mot de français. Les autres membres de la famille, qui depuis longtemps demeurent ici, ont adopté les mœurs et coutumes européennes.

« Notre départ est fixé pour après-demain. Je suis content de savoir, chère mère, que tu considères ce voyage, sinon avec indifférence, du moins avec résignation et calme, comme je devais l'attendre de ta sagesse et de tes sentiments pieux. Pour moi, abstraction faite de son but élevé, le voyage me procurera beaucoup de vues intéressantes et instructives : je me promets d'en tirer grand profit pour mes études spéciales. Tu serais encore moins soucieuse si tu savais comment dans ce pays on parle d'un tel voyage : on le considère presque comme une promenade. Déjà, dans une lettre précédente, je t'ai dit que M<sup>me</sup> Montefiore vient avec nous, et je dois ajouter que M<sup>me</sup> Crémieux s'est décidée également à accompagner son mari. Je te prie encore, très chère mère, d'écarter toute inquiétude : puisse ton imagination ne pas faire miroiter devant tes yeux des dangers, qui en réalité n'existent certainement pas pour moi ! Dans ma première lettre d'Alexandrie, je pourrai te donner, j'espère, les assurances les plus tranquillisantes. »

Les cinq lettres suivantes nous racontent l'*affaire* par l'ensemble et par le menu, avec la chaleur et la conviction naturelles aux porteurs de la vindicte publique.

*Alexandrie, le 6 août 1840.*

« TRÈS CHÈRE MÈRE. — Avant-hier, après un voyage de quinze jours, nous sommes heureusement arrivés ici. Je t'ai écrit de Malte, et je t'ai annoncé que, jusque-là, nous avons joui du plus beau temps. De même. de Malte jusqu'ici, tout a bien marché, bien que pendant deux jours nous ayons eu une mer très orageuse. Cependant je n'ai pas eu un moment le mal de mer, et je puis dire que le voyage de Marseille à Alexandrie m'a moins fatigué que le voyage en poste de Paris à Marseille. Déjà. M Montefiore a eu une audience du pacha ou vice-roi ; mais c'était purement cérémoniel et sans résultat notable. M. Crémieux devait aller demain avec moi chez le pacha ; mais nous apprenons à l'instant que celui-ci doit faire un petit voyage à l'intérieur du pays, et il est fort douteux que nous puissions voir le Pacha avant son départ. Tout dépend de la décision du Pacha : c'est seulement avec un ordre émanant de lui, nous rendant possible l'accès auprès des prisonniers, et l'audition de plusieurs témoins importants, que nous pourrons entreprendre notre voyage à Damas, pour obtenir là un résultat. Nous craignons fort que la chose ne traîne en longueur ; car le Pacha, qui, auparavant, avait donné les plus grandes espérances de faire comparaître les accusés ici, à Alexandrie, devant un nouveau tribunal, semble être redevenu indécis par suite des insinuations du ministère français. Pourtant, personnellement, le Pacha n'est pas défavorable aux Juifs ; nous avons bon es-

poir dans sa justice fort prisée et dans son amour
de la vérité. »

*Alexandrie, le 16 août 1840.*

« Très chère mère. — Le 6 de ce mois, au
soir, nous avons eu une audience chez le vice-
roi ou Pacha d'Egypte, qui nous a accueillis
très amicalement. L'entretien n'a duré que
quelques minutes. Le Pacha nous a dit qu'il est
sur le point de se mettre en voyage pour huit
jours, et qu'à son retour il nous donnera une solution pour notre affaire. Nous avons donc eu
le temps de nous rendre compte de tout, de
mieux connaître la ville et ses habitants. Naturellement, c'est avec les Juifs que nous avons eu
le plus de relations. Si déjà le lien invisible, qui
unit fraternellement les Juifs de tous les pays,
assure un accueil fraternel aux coréligionnaires
venus de loin, ce devait d'autant plus être le
cas, pour nous, qui avions entrepris un si grand
voyage, à l'effet de représenter la défense du judaïsme contre ses adversaires. Dans les trois sy-
nagogues qui existent ici, dont l'une appartient
aux Juifs européens et les deux autres aux
Juifs arabes, nous avons été l'objet d'une bien-
venue solennelle ; des prières particulières ont
été dites pour le succès de nos efforts. En général, les Juifs d'ici sont placés dans un état infime de développement intellectuel ; même l'érudition rabbinique s'y rencontre rarement. Les
femmes sont sans instruction, et ne savent pas
même lire les prières. Le rabbin, un homme très
savant et plein d'esprit, avec lequel je me suis
lié, m'a fait lui-même un portrait fort triste de
l'état intellectuel de sa communauté. C'est la
conséquence de l'oppression et du mépris qui
pèsent sur nos coréligionnaires de l'Orient ; pour

les relever, l'impulsion doit venir d'Europe. On est touché de cette condition, si l'on se rappelle quel rôle brillant les Juifs ont rempli jadis dans cette contrée. Mais cette ville même n'offre plus la moindre trace de tout l'éclat dont elle a joui autrefois ; seules les ruines s'étendant au loin attestent au voyageur l'ancienne grandeur de la cité. — Avant-hier au soir, le vice-roi est revenu. Montefiore et Crémieux sont allés hier chez lui, et bien que les nouvelles politiques arrivées ici l'accaparent entièrement, il a de nouveau reçu avec affabilité les deux délégués, mais toujours sans leur donner une réponse formelle : il leur a promis d'être juste, après entente avec les consuls. Nous ne savons donc toujours pas quand nous partirons pour Damas. C'est l'habitude du vice-roi de tout traîner en longueur et d'amuser chacun avec des promesses, avant de prendre une décision, et je crains d'avoir à perdre ici beaucoup de temps sans profit. »

*Alexandrie, le 26 août 1840.*

« TRÈS CHÈRE MÈRE. — Encore aujourd'hui, je n'ai malheureusement rien de bon à te communiquer sur la marche de notre affaire. Le Pacha n'a toujours pas donné de réponse décisive, et, par suite de l'influence actuelle de la France, nous pouvons à peine nous attendre à gagner notre cause ici, ou espérer que le Pacha confirme la révision du procès précédemment promise. Notre seule espérance se fonde maintenant sur les deux sujets autrichiens impliqués dans le procès et dont la cause devra être jugée selon les lois de leur pays. Ceci nous donnera, je pense, les moyens d'arriver sur les traces de la vérité pour démêler ce tissu de calomnies.

Une autre espérance encore nous est donnée
par les événements politiques. Si le Pacha perd
la Syrie, nous nous tournerons du côté de Constantinople, où la victoire nous est assurée. En
aucun cas, nous ne séjournerons plus longtemps
à Alexandrie. Ce qu'il y a de plus probable,
c'est que, pour quelques jours, nous irons au
Caire, et de là à Constantinople, afin d'attendre
les événements dans cette ville ; car, pour l'instant, un voyage à Damas serait sans fruit et
peut-être même impossible si la guerre éclatait.
Nous ne retournerons pas en Europe avant
l'issue de l'affaire, jusqu'à la perte de tout espoir d'obtenir justice. Mais, Dieu merci, nous
sommes loin d'en être arrivés là : nous nous
fions à la Providence, pour qu'elle fasse triom-
pher notre cause sainte et juste. Aujourd'hui,
je n'ai rien de plus à ajouter que mes vœux les
plus vifs pour la fête du nouvel an qui approche.
Puisse le ciel nous donner bientôt la joie et le
bonheur de nous revoir; puisse l'année prochaine dédommager notre peuple des souf-
frances qu'il supporte actuellement ! »

*Alexandrie, 6 septembre 1840.*

« TRÈS CHÈRE MÈRE. — J'espère que tu as reçu
mes lettres des 6, 16 et 26 août, te rassurant au
moins sur ma personne, sinon sur le succès de
notre affaire. Aujourd'hui enfin, j'ai la joie
inexprimable de t'annoncer la délivrance des
malheureux prisonniers. La seule présence
d'une députation venue d'Europe a produit ce
bienfait. Voici la traduction littérale de l'ordre
donné le 30 août par le vice-roi au gouverneur
de la Syrie :

« Sur les représentations et la requête de
« MM. Montefiore et Crémieux, qui se sont

« adressés à nous au nom de tous leurs coré-
« ligionnaires mosaïques demeurant en Europe,
« nous avons accordé leur vœu de consentir la
« liberté et le repos aux Juifs qui, par suite de
« la disparition du P. Thomas et de son domes-
« tique Ibrahim, survenue à Damas au mois
« de Dhul-Hadja 1255 (de l'Hégire), ont été in-
« carcérés, ou ont pris la fuite. Comme on ne
« saurait repousser leur demande eu égard au
« grand nombre de gens dont elle émane,
« les prisonniers devront être libérés, et aux
« hommes en fuite la sécurité du retour devra
« être garantie. Vous laisserez les ouvriers re-
« prendre leurs travaux et les négociants leur
« commerce ; vous veillerez avec soin à ce
« qu'aucun d'entre eux, de quelque côté que ce
« soit, ne subisse de dommage, à ce que désor-
« mais ils jouissent de la même sécurité qu'au-
« paravant, que de tous côtés on les laisse
« tranquilles. C'est notre volonté. »

« Ainsi la vie des accusés est du moins sauve,
quoique cette issue de l'affaire ne réponde nullement à nos désirs. Nous voulions continuer le
procès selon une procédure régulière ; mais le
Consul de France a fait tout son possible pour
l'empêcher, et, fâcheusement, les agents français sont maintenant très puissants, car le
Pacha attend d'eux une aide. Pourtant, le Consul n'a pas réussi, — comme il l'avait tenté, —
à mettre le mot « *grâce* » dans le Firman pré-
cité. Nous avons protesté contre ce terme, et le
Pacha a donné l'ordre de l'enlever. C'est donc
une simple suspension du procès, sans motif
plausible. Mais tout homme impartial reconnaîtra que nos ennemis ont craint l'enquête.
Sur quoi, j'étais d'avis d'aller à Damas pour découvrir la vérité s'il se peut ; mais Montefiore

et Crémieux, les seuls chefs de la députation, ne trouvent pas utile d'entreprendre ce voyage. Comme simple auxiliaire de Crémieux, je n'ai rien à décider ; peut-être la réponse attendue de Damas comportera-t-elle d'autres décisions.

« Aujourd'hui, il faut que j'écrive encore beaucoup à Paris, et que j'adresse aussi des rapports à quelques journaux allemands. Il faut donc que j'abrège, remarquant seulement que sous peu nous espérons obtenir un firman du Pacha, où il déclare combien l'accusation basée sur l'usage du sang est absurde, mal fondée : ce qui marquera combien le procès repose sur un tissu de mensonges. »

C'est par conséquent ce jour-là que le rôle d'interprète, exercé par S. Munk, a eu une heureuse influence. Tandis qu'il traduit du turc le firman accordé par Méhémet-Ali, Crémieux voit avec surprise qu'il est question de *grâcier* les prisonniers. Cette expression change complètement la nature de l'acte de justice obtenu du vice-roi. Crémieux se hâte de retourner auprès du Pacha et lui fait comprendre que le mot de *grâce* laisserait supposer que les accusés étaient coupables. Le vice-roi se rend compte de la distinction, et il adopte la rédaction telle que l'a proposée Crémieux, relatée dans la lettre précédente.

Outre ses lettres à sa famille, Munk a adressé quelques correspondances à ses amis de Paris, membres du Comité institué par le Consistoire central pour défendre les Juifs de Damas devant Méhémet-Ali. Quatre de ces lettres, adressées

à Albert Cohn, ont été conservées, et M. le grand
Rabbin Zadoc Kahn qui les possède a bien voulu
en laisser prendre copie. Voici la première lettre,
aussi intéressante par les détails littéraires et
biographiques que par la peinture du caractère
de Munk, de son désintéressement, de sa correction et de sa noble dignité, datée du 16 août :

« TRÈS CHER AMI. — Je vous remercie cordia-
lement pour vos communications du 28 juillet.
Par ma lettre du 6 de ce mois, vous savez déjà
combien peu nous avons lieu d'espérer une solution rapide à notre mission. Depuis lors, nous
n'avons pas fait d'autres progrès, sauf que le par-
cha a de nouveau promis de nous faire rendre
justice. Je vous renvoie du reste au rapport
adressé par M. Crémieux au Comité, et il serait
superflu de le répéter ici. En ce qui me concerne,
il m'arrive maintenant ce que je craignais le plus
et ce que je vous disais souvent à Paris, à savoir
que je suis ici presque inutile. M. Crémieux lui-
même n'a rien à faire ; toutefois, il remplit par-
tiellement sa mission rien que par sa présence.
Mais il n'a pas besoin d'interprète, et pour la
conversation verbale il lui suffit d'avoir Mondolfo, le drogman de Clot-Bey, qui s'y prend
mieux que moi. Seulement, s'il arrivait que l'on
eût besoin de traduire des pièces arabes, ou s'il
fallait en rédiger, Mondolfo ne pourrait nullement servir ; en ce cas, mon intervention serait
nécessaire. Mais jusqu'à présent, il ne paraît
pas du tout que l'on doive jamais arriver à une
procédure juridique régulière. Je ne sais donc
pas quel rôle me serait assigné le cas échéant,
et de quelle façon je puis rendre quelque service.
Jusqu'aujourd'hui, j'ai seulement eu deux pièces

arabes à traduire, et encore aurait-on pu se
passer d'elles. Je dois, du reste, prévenir qu'ici,
à Alexandrie, M. Crémieux n'a guère besoin d'interprète, et si je n'avais craint le reproche de
manquer de courage ou de paraître indifférent,
je n'aurais pas quitté Paris. Maintenant que ce
souci disparaît, je suis sérieusement résolu, —
au cas où l'affaire ne prendrait pas une meilleure
tournure et n'exigerait pas une plus grande participation active, — de demander mon rappel au
Comité. Très volontiers, j'accompagnerais M.
Crémieux pendant un laps de temps indéterminé, et j'utiliserais le voyage scientifiquement, si
je vivais ici à mes propres frais ; mais comme je
me trouve à la solde du Comité, je dois chercher
à servir cette mission ; or, je ne vois aucune occasion de le faire, M. Crémieux lui-même, —
je l'ai déjà dit, — étant également inactif. Aussi
lui ai-je exprimé mon sentiment à cet égard ;
mais il croit que, d'un moment à l'autre, la nécessité d'interprétations écrites pourrait surgir,
et si, en un tel cas, il devait être embarrassé, ne
fût-ce qu'une fois, il pourrait en résulter un préjudice pour la cause.

« Du reste, j'exprime le désir que vous appeliez
l'attention du comité sur mes scrupules, afin
que celui-ci, à son gré, puisse donner à M. Crémieux l'ordre de me faire rentrer s'il prévoit
qu'il n'y aura pas de procédure régulière, auquel
cas il n'aura besoin ni d'un rédacteur de pièces
arabes, ni de traductions faites sur des documents
juridiques en hébreu ou en arabe. Il va de
soi, bien entendu, que je resterai volontiers
si M. Crémieux et le Comité le jugent bon ;
j'ai seulement considéré qu'il est de mon devoir
de vous communiquer mes scrupules à cet
égard. Vous vous mettrez aisément à ma place,
et vous me représenterez en ami.

« J'ajoute que, comme orientaliste, le séjour à Alexandrie m'est de peu d'utilité. Je me trouve ici dans une ville à moitié européenne, presqu'entouré exclusivement d'Européens. Il n'y a ici que fort peu de savants mahométans, et ceux-ci mêmes ne sont guère accessibles. M. Dantan, le drogman du consulat français, m'a conduit auprès d'un *Mufti*; mais ce sont des gens endormis et méfiants. Il n'y a rien à tirer d'eux qu'une tasse de café et un *schibouk*. Il n'y a presque pas de manuscrits à trouver. Je n'ai acheté jusqu'à présent que deux manuscrits hébreux et assez cher, savoir le *Commentaire de Maïmonide* sur le traité *Rosch ha Schanah*, et des homélies en arabe par son petit-fils R. David. La communauté juive, au point de vue de l'intelligence et de l'instruction, occupe un rang infime. Cependant, le *Hakham* est un homme très intelligent, fort instruit en science rabbinique. Mais la communauté actuelle, quoique descendant des célèbres juifs alexandrins de l'antiquité, n'a aucune ressemblance avec eux dans son état actuel de décadence, et elle en diffère autant que la misérable localité nommée aujourd'hui Alexandrie ressemble peu à la capitale jadis célèbre des Ptolémées; leur grandeur passée est seulement attestée aujourd'hui par les nombreuses ruines sises à l'entour. Lorsqu'on a visité la colonne dite de Pompée et l'Obélisque de Cléopâtre, on a vu tout ce que le temps destructeur a laissé en fait de traces de l'antiquité.

« Je voulais vous envoyer une copie arabe de la demande faite par la veuve Laniado (1);

(1) Son mari, Joseph Laniado, un vieillard, avait succombé sous les tortures que lui avait fait subir Schérif-Pacha, gouverneur général de la Syrie, à l'instigation de Ratti-Menton.

mais le temps pour effectuer cette copie me manque : elle raconte en détail les canailleries commises par Ratti-Menton, et vous la recevrez une autre fois. La pauvre femme, à ce qu'il paraît, est dans une situation lamentable ; elle a presque perdu la tête, selon ce que mande Loria. — Comment se fait-il que personne n'ait répondu à l'article de la *Quotidienne* du 27 juillet ? La lettre de Merlato à Schérif-Pacha ne prouve rien contre lui. Quelques passages soulignés ont même été dénaturés. Mais il est particulièrement remarquable que, dans ses observations sur cette lettre, Ratti-Menton avoue les tortures autrefois niées par lui, et ceci mérite d'être signalé.

« Au milieu de notre inaction forcée, c'est une vraie chance que le médecin et secrétaire de M. Crémieux nous ait quittés à Marseille, pour retourner à Paris ; par suite, le comité a ainsi une personne de moins à payer. — Mes compliments à tous les amis, en particulier à Marcus, à Herzfeld, à Nathan, à Mainz, à S. Cahen, à Derenbourg, etc. Présentez aussi mes civilités à la famille Rothschild, et je remercie le bon Alphonse pour son aimable souvenir. Portez-vous bien, et recevez mille sincères compliments de votre ami.

« S. MUNK. »

Pour bien comprendre combien l'indignation de Munk était légitime à la lecture de la *Quotidienne*, qu'un ami lui avait communiquée, il est bon d'avoir sous les yeux tout au long l'article en question :

L'*Univers* a reçu de M. le comte de Ratti-Menton, Consul de France à Damas, des documents impor-

tants sur l'affaire des Juifs de Damas. Nous avons
déjà publié. il y a quelque temps, plusieurs de ces
documents, entre autres les déclarations de M. Merlato, des médecins francs et du barbier du P. Thomas.
Ajoutons aujourd'hui la déclaration des médecins
arabes : elle confirme les précédentes.

Traduction de l'arabe faite par le chancelier, interprète du Consulat.

« Aujourd'hui. nous soussignés, avons été appelés
au Consulat de France à Damas pour reconnaître les
os trouvés dans les conduits qui traversent le quartier
juif. Le consul nous ayant demandé notre opinion et
la vérification des os et des morceaux de chair, nous
en avons fait le rigoureux examen, afin de nous assurer si c'étaient des ossements humains ou des os
d'animaux, et de l'attester suivant notre conscience,
ainsi que Dieu l'ordonne. Après que nous avons tout
vérifié. nous sommes restés entièrement convaincus,
sans la moindre hésitation. que ces os sont des os humains, et puisque cette déclaration nous est deman-
dée, nous l'avons signée et scellée pour preuve de
notre conviction.

*Le 28 zelhadjé 1255 (2 mars 1840).*

« Signé à l'original en langue arabe : El Hadj Musto,
premier chirurgien ; El hadj Mhamed Setté. chirurgien ; Seyd Halil Tabid, médecin ; Seyd Halil.
chirurgien ; Mknail Mchakha, médecin (chrétien) ;
Mhamed Seyd Moussa. médecin ; Mhamed Hamon,
Saskri. médecin.

« Pour copie conforme : Comte DE RATTI-MENTON. »

On remarquera la conformité parfaite de toutes ces
déclarations du Consul autrichien, des médecins francs
et arabes et du barbier du P. Thomas En note de
cette dernière déclaration, M. de Ratti Menton a
ajouté : « Comme les avocats des juifs et des juifs

avocats peuvent, dans leur esprit de bonne foi, demander ce que c'est qu'un barbier employé par un ca-
pucin qui porte la barbe longue, il est bon de leur rappeler qu'il avait une tonsure. »

Voici la lettre adressée par le Consul autrichien,
M. Merlato, au gouverneur de Damas. On remarquera combien cette lettre contredit toutes les accusations postérieures, émises par le même personnage.
Traduction faite par le chancelier interprète du consulat d'une lettre écrite par M. Merlato à S. E. Sche-
rif Pacha le 18 zelhadje 1255 (21 février 1840) :

« Après les compliments d'usage, j'ai l'honneur
d'exposer à S. Excellence qu'elle doit être convaincue
de la peine et de l'affliction que j'ai ressenties au sujet de l'événement du P. Thomas et de son domestique, perdus dans cette ville. Ma peine et mon affliction se sont accrues en raison de la non découverte
des circonstances de leur disparition.

« Dès le principe, lorsque des données et des in-
dices démontrant qu'ils *s'étaient perdus dans* le quartier juif parvinrent à ma connaissance et que j'appris
l'emprisonnement pour cause de suspicion de quelques
protégés du consulat, je me mis à examiner mes
protégés par toutes les voies possibles. Demande
m'ayant été faite d'autoriser des perquisitions dans
les maisons des Juifs placés sous ma protection, j'y
adhérais, et les perquisitions ont été effectuées. J'ai
fait comparaître ensuite les Juifs autrichiens et tos-
cans domiciliés en cette ville : voyant que les inter-
rogations ne conduisaient pas au but désiré, je leur
ai signifié, au nom du consulat, dans la langue du
pays et avec toute l'énergie convenable, de rechercher
et de recueillir avec le plus grand soin tout ce qui
aurait rapport à cette affaire, et à m'en donner immédiatement connaissance. J'ajoutais que si jamais l'on
venait à découvrir la manière dont le P. Thomas,
avait disparu et qu'il devînt manifeste qu'ayant été

instruits, ils me l'eussent caché, ils ne devaient pas
se dissimuler que j'infligerais, à qui de droit, la pu-
nition voulue par la justice : ils se retirèrent sous
cette condition.

« Tandis que je continuais autant que possible à
suivre secrètement et ouvertement cette affaire, j'ai été
informé qu'un barbier juif avait dénoncé sept juifs *ra-
yas* (sujets du pays), et que ceux-ci ont été arrêtés, puis
conduits au sérail pour être examinés par ordre de Son
Excellence. J'espère qu'avec l'aide de Dieu et de votre
zèle, l'ensemble de cet événement sera mis à jour.
Ayant su hier que ces individus persistent dans leurs
dénégations et qu'aucun d'eux ne veut avouer la vérité, j'ai dû aujourd'hui appeler les principaux Juifs
protégés du consulat. Ils ont été questionnés l'un après
l'autre : je leur ai d'abord fait des reproches de ce
que jusqu'à présent aucun d'entre eux n'était venu
me fournir, suivant mon désir, quelques renseignements positifs. En second lieu, je leur ai démontré
que le secret gardé par la nation juive ne servait de
rien et qu'il n'aboutirait qu'à préjudicier aux innocents. Enfin, après leur avoir adressé toutes les questions nécessaires pour en obtenir la manifestation de
ce qu'ils pouvaient connaître, je leur ai fait les me-
naces les plus fortes ; mais ces moyens n'ont pas
produit le résultat voulu. Or, d'après mes convictions,
reconnaissant le zèle et la vigueur déployés d'une
manière spéciale par Votre Excellence je n'ai rien
imaginé de plus opportun que de lui écrire pour la
*complimenter*, lui notifier ce que j'ai fait et lui exprimer mon désir, afin que dorénavant, s'il advient que
le moindre soupçon touchant cette affaire pèse sur
quelque juif protégé d'Autriche ou de Toscane, et
qu'il faille l'interroger sur la moindre circonstance,
Votre Excellence puisse le faire comparaître et l'examiner minutieusement sur toute question, selon
l'équité.

« **En** cas de preuve ou de soupçon contre quelqu'un d'entre eux relativement à cet événement, *s'il est nécessaire que vous le fassiez mettre en état d'arrestation chez nous il n'y aura de ma part aucun empêchement.* Seulement, je prie Votre Excellence de vouloir bien, en pareille occurrence, m'instruire des imputations articulées, et, ainsi que j'ai eu l'honneur de m'expliquer, s'il y a nécessité de procéder à l'arrestation de quelqu'un de mes protégés, il convient d'avoir égard à la position sociale de l'individu et à l'importance de l'accusation, tous ne pouvant pas être enfermés dans une même prison. En effet, un individu arrêté pour simple soupçon ne peut pas être emprisonné avec celui dont le crime est prouvé. Je suis persuadé que Votre Excellence n'oubliera pas cette distinction, que j'ai pris la liberté de lui signaler à titre de remémoration. Je lui serai bien obligé de m'accuser réception de la présente. Que Dieu prolonge vos jours.

« *Damas, le 18 zelhadjé 1255 (21 février 1840). —Merlato.*

« Pour copie conforme, comte DE RATTI MENTON.

M. de Ratti-Menton fait suivre cette lettre des remarques suivantes :

« A la date du 21 février, M. Merlato écrivait d'inspiration : il n'avait encore reçu ni les instructions de M. Laurin, consul général d'Autriche à Alexandrie, ni celles de M. Eliaou Piciotto, consul général d'Autriche à Alep. Au sujet des congratulations adressées par M. Merlato à Schérif-Pacha, il y a à faire un curieux rapprochement de dates

Le barbier Soliman a été arrêté le 9 février au soir. Conduit le 10 au Consulat, il a été ramené au Sérail le 13 dans la matinée : il a subi la peine du courbadje le 13 dans l'après-midi. Les Arari et consorts ont été arrêtés le 14. Le jeune israélite, dont parle M. Crémieux, est mort le 14 ou le 15. On a soumis les Arari à la privation du sommeil le 15. Le barbier a été battu

pour la deuxième fois le 17. Les Arari et consorts ont
été battus le 18. On a arrêté une quarantaine d'enfants le 18. Marad el Fath Hall a été battu le 19. La
lettre du consul d'Autriche a été écrite le 21 !

Ainsi, avant le 21 février, M. Merlato ne trouve
que des éloges pour la procédure : après le 21, il ne
trouve plus à exprimer que des accusations, des dé-
nonciations et des calomnies contre le consul de
France et le Pacha. Comparez et jugez ! »

Combien l'affaire de Damas a d'analogie avec
l'*Affaire* survenue de nos jours ! Que de tristes
comparaisons à établir entre les deux événements, malgré la divergence des détails ! En
présence d'un crime, abominable mais incer-
tain, il a suffi de lancer une accusation absurde
contre des Juifs, pour les faire mettre à la torture, et, par suite, causer la mort de plusieurs
innocents. Point d'enquête équitable, laissant
aux accusés la faculté de se défendre ; mais toute
la hiérarchie diplomatique dépendant du Ministre n'a que le souci d'affirmer, sans preuve,
l'allégation d'un fonctionnaire. A la Chambre,
sur la question posée par un député, le Ministre
s'emporte au lieu de discuter. En vain un jeune
homme déclare de quel côté le crime a été com-
mis : il meurt victime de son courage. En dé-
couvrant des ossements humains qui pouvaient
provenir d'une tombe quelconque, on en fait
un grief aux Juifs. On dénature les témoignages
qui ne sont pas hostiles aux accusés, pour éga-
rer l'opinion publique ; on rétorque les rapports
indépendants pour les faire mentir. C'est le cas
des journaux la *France*, la *Quotidienne*, l'*Univers*
(catholique) ; tandis que le *Journal des Débats*,
avec l'*Observateur des Tribunaux*, défend le droit
contre la violence et prend parti pour la mino-

rité. Enfin, s'il y a eu des victimes et plusieurs morts à déplorer, du moins la justice en 1840 a été proclamée plus vite qu'en 1899.

Par sa lettre à Albert Cohn du 30 août, Munk annonce la mise en liberté des accusés ; il se réfère au rapport de Crémieux, suivi de la traduction du firman de Méhémet-Ali. Cette traduction, raconte Munk, a été faite à l'aide d'un mot-à-mot arabe, que l'on s'est procuré chez le secrétaire du vice-roi... Le résultat atteint n'est pas, jusqu'à présent, tel qu'il eût été à souhaiter ; mais l'on espère arriver à mieux. Selon la volonté du Pacha, on a commencé par la fin, pour sauver avant tout les individus. « Ou bien nous irons à Damas, dit-il, ou bien nous ferons venir ici les gens libérés ; il sera facile alors de réunir tous les éléments désirables pour défendre la totalité des Juifs et pour dévoiler alors tout le tissu de mensonges. »

Cette lettre se termine par des compliments aux amis déjà mentionnés dans la première lettre, et plaisante les caractères microscopiques avec lesquels l'un d'eux écrit « au détriment de ses yeux. »

La troisième lettre de Munk à Albert Cohn, datée du 16 septembre, confirme quelques renseignements déjà donnés par le voyageur à sa famille :

« Très cher ami. — Je ne puis qu'à la hâte vous accuser réception de votre lettre du 26 août. Le bateau à vapeur que nous attendions ici le

14, n'est arrivé qu'hier soir, et nous avons reçu
les lettres fort tard. Comme j'ai été très occupé
hier, et que ce matin nous partons de bonne
heure pour le Caire, je dois être très bref ; prochainement, je vous répondrai plus explicitement. La réponse de Damas est parvenue ici
hier. Vous trouverez le contenu dans la lettre
de M. Crémieux. Il est clair qu'à Damas on considère le résultat comme une victoire complète.
Dans ce pays, on ne sait guère ce qu'est une procédure. Celui qui n'est pas décapité est innocent,
et, de la sorte, l'innocence des juifs de Damas
est démontrée. Quant aux autres preuves va-
lables en Europe, la Providence y pourvoira.
Notre voyage en Syrie et Palestine est, à mon
grand chagrin, définitivement ajourné ; il me
faut donc reculer à d'autres temps mon pèlerinage à Jérusalem. On affirme que les mouvements de guerre en Syrie ne permettent nullement un tel voyage en ce moment ; c'est peut-
être une exagération de le croire.

« En ces dernières semaines, j'ai été moins
mécontent; car j'ai eu un peu plus d'occupations.
J'ai dû aussi servir constamment de drogmann,
car Mondolfo, depuis l'arrivée de Clot-Bey, n'est
plus à avoir, et depuis trois semaines il a quitté
Alexandrie. Je me suis sérieusement occupé ici
des affaires juives, en faisant naturellement tout
passer sous le nom de Crémieux, en raison de
son autorité. Deux fois, déjà, nous avons réuni
chez nous les chefs de la communauté, et déli-
béré sur la fondation d'une école : j'espère que
le projet se réalisera. J'ai fait adresser, au nom
de Crémieux et au mien, un appel à la communauté rédigé en hébreu et en arabe. Nous avons
remis l'adresse au rabbin, qui l'a lue en assemblée. Au Caire, nous allons tenter un essai sem-

blable. Prochainement, je vous entretiendrai plus amplement à ce sujet...

« Votre ami :

S. MUNK. »

La dernière lettre, du 2 octobre, annonce le retour de la mission à Paris.

Dans la première des lettres précédentes adressées à Albert Cohn, Munk dit « avoir acheté assez cher » deux manuscrits : le premier, — vérification faite au registre des acquisitions de la Bibliothèque, — a coûté 50 fr., et le second 30 fr. On voit combien il ménageait les deniers de l'Etat, tout en accroissant ses richesses. Le même registre donne la liste complète des manuscrits arabes et hébreux achetés à ce moment par Munk pour le même établissement. Voici l'énumération des titres qui permettra de mieux apprécier toute cette collection :

*Histoire des médecins*, par Ibn Abi Osàibia. — Un vol. détaché de la *Chronique* d'Ibn-el-Amir. — *Description du Caire*, par Ok Bagha. — *Dictionnaire biog. des hommes illustres du II° siècle de l'Hégire.* — *Commentaire arabe sur la Genèse*, par Yépheth Abou Ali al Basri, caraïte. — Id. *Sur les 3 premières sections de la Genèse.* — Id. *Sur les sections 3 et 4 de l'Exode.* — Id. *Sur la section 5 de l'Exode.* — Id. *Sur les sections 5, 6 et 7 du Lévitique.* — Id. *Sur les Nombres*, sect. 4, etc., jusqu'à la fin (2 v.). — Id. *Sur les 2 dernières sections des Nombres.* — Id. *Sur les Psaumes 4 vol.* — Id. *Sur les Psaumes* (vol. 1 et 4). — Id. *Sur les Proverbes.* — Id. *Sur le Cantique.* — Id. *Sur l'Ecclésiaste et Ruth.* — Id. *Sur les Lamentations de Jérémie*. — Id. *Sur le livre d'Esther*. — *Version arabe du Pentateuque à l'usage des Caraïtes*. — *Introduction à toutes les sections du Pentateuque*, par R. Samuel el Moghrebi le Caraïte. — *Le même ouvrage*, en 2 vol. — *Rituel des Caraïtes du Caire pour le jour du Kippour* (2 v.). — Id. *Pour les jours de la semaine et pour quelques fêtes* (5 vol.). — *Commentaire sur le Décalogue, et controverse d'un évêque* (2 cahiers). — *Ouvrage sur les rites des Caraïtes*, par le Moallem Fadhel. — *Cantique des Caraïtes, en hébreu*. — *Livre des préceptes*, par R. Samuel el Moghrebi. — *Traité sur les mariages licites et illicites*, par Yapheth b. Saïd. — *Commentaires ou Sermons de R. David sur la Genèse et l'Exode* (2 vol.). — Id. Sur les *Pirké Abôth*, suivi de légendes. — *Sermon pour les jours de fêtes*. — *Commentaire arabe de Maïmonide sur la III<sup>e</sup> partie de la Mischnà*. — Id. *Sur la dernière moitié de la IV<sup>e</sup> partie et sur les parties V et VI*. — *Commentaire hébreu de Maïmonide sur le traité talmudique Rosch haschana*. — *Abrégé de divers livres de Gallien* par Maïmonide. — Autre traité de médecine.

Le total de ces 36 ouvrages formant 48 volumes de tous formats, n'a coûté, avec les frais de transport, que 1126 fr., tandis qu'aujourd'hui un tel lot coûterait certes plus de 5000 fr. Le lecteur qui désire des détails circonstanciés sur chacun de ces volumes, peut connaître leur contenu en consultant le Catalogue du Supplément de ce fonds dressé dès lors par Munk, et conservé au département des Manuscrits sous le N° 1299 du fonds hébreu. — Il en parle aussi à sa mère dans sa lettre du 2 octobre (ci-après).

A peu près en même temps, Montefiore obtenait du sultan Abdul-Medjid, à Constantinople, un firman accordant l'égalité civique aux juifs de la Turquie ; de plus, un autre firman proclame, non plus seulement la mise en liberté, mais l'innocence des accusés de Damas, en déclarant solennellement l'inanité de l'accusation de meurtre rituel (1), dirigée contre eux sans raison ni preuve.

Crémieux exerça aussi son activité sur un autre terrain. L'affaire de Damas avait eu cette heureuse conséquence de mettre en contact plus intime les juifs d'Europe et ceux d'Orient. Ceux-ci avaient remarqué avec admiration combien leurs frères des pays européens avaient su acquérir d'influence et de considération auprès des ministres et des princes par leur dignité, leur caractère, leur culture et leur loyauté. Crémieux résolut de profiter de cette impression pour essayer d'arracher une partie des juifs d'Orient à leur ignorance et à leur misère, en créant des écoles. Afin d'intéresser les juifs d'Egypte à cette création, Munk leur adressa un appel en hébreu et en arabe, où il montrait la brillante situation que leurs ancêtres avaient eue autrefois dans ce pays, et l'état d'abaissement dans lequel ils se trouvaient, eux ; ce qui était dû à leur profonde ignorance 2). A la suite de cet appel, les juifs du Caire fondèrent une école de garçons et une école de filles, qui furent appelées « Ecoles Crémieux. » La communauté

(1) *Archives isr.*, t. I, p. 661.

(2) Le texte hébreu a été imprimé dans le *Zion*, t. I, p. 76 ; trad. allemande dans l'*Orient* (de Fürst), t. II, p. 103.

se déclarant impuissante à les soutenir par se
seules ressources, Crémieux promit de leur faire
envoyer d'Europe des subsides annuels. Munk
obtint, malgré l'opposition de quelques rabba-
nites intolérants, qu'on admit également dans
ces écoles les enfants de la communauté caraïte,
qui comptait alors au Caire environ cent âmes.
Il donne de plus amples détails à ce sujet,
après avoir décrit à sa mère la pointe en avant,
plus au Sud, qu'il a faite en Égypte.

*Le Caire, 2 octobre 1840.*

« TRÈS CHÈRE MÈRE. — Mon voyage au Caire et
aux Pyramides m'a forcé de laisser partir deux
bateaux à vapeur sans en profiter pour écrire.
J'espère que cette interruption de ma correspondance ne t'aura pas inquiétée, pusique je te
l'avais annoncée dans ma lettre du 6 septembre.
Sauf la lettre du 2 août, je n'ai pas reçu d'autre
nouvelle de toi jusqu'à présent; du reste, il est
possible qu'à Alexandrie il soit arrivé des lettres
pour moi, et il faut que je patiente jusqu'à mon
retour dans cette ville. Au Caire, où je suis depuis deux semaines, j'ai passé mon temps de
façon bien plus utile et plus agréable qu'à
Alexandrie. C'est seulement ici que j'ai vu
l'Orient sous son véritable aspect, et j'ai beaucoup appris sous bien des rapports.

« Le Caire est situé dans la région où s'arrêta
jadis notre patriarche Jacob avec ses fils, où
plus tard ses descendants ont été asservis sous
le joug des Pharaons, jusqu'à leur délivrance
par Moïse (1). Il faut seulement quelques jours

_______

(1) Ces observations sur le Caire ont paru dans les *Israelit
Annalen* de Jost, t. III, p. 73 et 83.

de voyage pour aller d'ici au désert, où est situé
le mont Sinaï, et c'est vraiment pénible pour
moi de devoir quitter cette province sans pouvoir pousser le voyage jusqu'au mont Sinaï et
à Jérusalem, comme je le désirais et l'espérais
au commencement. Par suite de la guerre qui a
éclaté en Syrie, une excursion jusque-là, qui
d'ailleurs en tous temps est fort pénible, est devenue tout à fait impossible. Il faut donc me contenter pour le moment, de ce que j'ai vu ici, jusqu'au jour où j'aurai l'avantage, grâce à des temps
calmes, de refaire un voyage en Orient, sans être
réduit, comme cette fois, à un aussi court séjour.
Déjà je suis resté plus longtemps que je ne devais; et, comme au retour, il faut s'arrêter à
l'île de Malte 20 jours en quarantaine, il devient
impossible de me trouver à Paris au terme du
congé qui m'a été accordé par l'administration
de la Bibliothèque. Cependant, je suis convaincu
que ce retard n'aura pas de conséquences pré-
judiciables pour moi, surtout parce que j'ai
utilement employé mon séjour au Caire même
pour la Bibliothèque, en achetant pour elle des
manuscrits rares.

« Ce que j'ai vu de plus remarquable dans
mon parcours, c'est le Nil et les pyramides de
Giseh. Le fleuve, qui dans la saison actuelle
atteint sa plus grande hauteur, offre une vue
grandiose. En beaucoup d'endroits, il ressemble
à une mer, de sorte que l'œil aperçoit à peine
ses bords. Sans les inondations du Nil, l'Egypte
ne pourrait pas subsister, car en ce pays il ne
pleut presque jamais. Mais, cette année, l'inon-
dation est si grande, telle qu'on ne l'a pas vue
de mémoire d'homme, qu'elle a causé bien des
dégâts. Les paysans d'Egypte, déjà si malheureux, en ont beaucoup souffert. Cela n'empêche

pas le gouvernement inhumain de les opprimer,
de leur arracher les impôts à coups de bâton,
accaparant souvent la majeure part de leur
avoir. Qui n'a pas vu l'Egypte n'a pas idée de
la misère profonde où la tyrannie de Méhémet-
Ali a plongé le pays. Des Pyramides on ne peut
avoir une conception complète par aucune description. Il faut avoir vu de ses propres yeux
ces œuvres merveilleuses, pour admirer le
peuple qui les a produites, pour saisir en même
temps le côté mystérieux et singulier qui se rattache à ces monuments éternels. J'ai entrepris,
guidé par quatre bédouins, d'entrer à l'intérieur
de la grande Pyramide, ou plutôt de m'y traîner
en rampant, non sans difficulté. Je suis arrivé
jusqu'aux chambres qui devaient servir d'appartement à un Pharaon après sa mort. Tout y
est merveilleux et donne le frisson. Le grand
âge de ces monuments, sur lesquels ont passé
tant de générations et de peuples, suscite les
sentiments les plus graves et les plus solennels.
Je déplore maintenant de n'avoir pu visiter les
autres pyramides, ni les ruines de Thèbes. Il me
faut aussi réserver ce point pour une autre fois.

La ville du Caire offre encore plus d'un monument de l'histoire juive. Au vieux Caire, il
y a une fort vieille synagogue, que l'on dit avoir
été bâtie avant la destruction de Jérusalem : en
tout cas, elle est très vieille. Comme dans cette
partie de la ville il n'y a plus d'habitants juifs,
on y entreprend seulement un pèlerinage deux
fois par an, et l'on y fait une procession avec les
*Sefarim*. C'est aussi là qu'à vécu Maïmonide,
ou Rambam ; c'est là qu'il a exercé la médecine,
et beaucoup de savants juifs ont brillé à côté de
lui. Malheureusement, maintenant, les juifs
d'ici n'ont qu'une éducation médiocre. Nous

avons utilisé notre séjour ici pour fonder une école, où, en dehors de l'hébreu et de l'arabe, on enseignera le français, l'italien. l'arithmétique; la géographie. Après avoir pourvu aux besoins matériels de l'école. M. Crémieux est parti il y a quelques jours. Je reste jusqu'à jeudi, afin de pourvoir à ce qui touche l'enseignement. Puis, je retournerai à Alexandrie. où sera fondée une œuvre analogue. Au moins, avant de partir, avons-nous trouvé là quelques établissements servant à l'instruction. J'ai composé un appel en hébreu et en arabe, que nous avons adressé aux présidents des communautés, et que le Rabbin a lu en assemblée publique. Je pense arriver à Alexandrie le 11, et m'embarquer pour l'Europe le 17. M. Crémieux quittera certainement Alexandrie ces jours-ci, et M. Montefiore s'est embarqué déjà il y a quinze jours. Les nombreuses occupations qui m'accaparent pendant le peu de jours que je passe encore ici ne me permettent pas aujourd'hui d'en dire davantage. et je dois ajourner encore un peu les réponses promises dans ma dernière lettre. Porte-toi bien ; j'écrirai un peu plus d'Alexandrie. ou du lazaret de Malte. »

De cette dernière ville, en effet. Munk écrit à sa mère, et il parle encore des écoles qui lui tiennent fort à cœur ; cette lettre est suivie de deux correspondances des plus intéressantes sur l'état moral et social de la communauté israélite de Rome, dans ce même laps de temps.

*Malte, 4 novembre 1840.*

« TRÈS CHÈRE MÈRE. — J'espère que tu as reçu exactement ma lettre du Caire. Après le départ de M. Crémieux, qui a pris la voie de Trieste, mon séjour a été voué à l'école juive que nous avons fondée là-bas. C'est un bon commencement, établi pour la civilisation des Juifs, et j'espère que notre voyage n'aura pas été inutile pour eux. Si la guerre n'avait pas éclaté maintenant en Orient, nous aurions essayé d'instituer des établissements analogues à Alexandrie, peut-être aussi en Syrie. Nous devons ajourner ce projet à des temps ultérieurs. Des autres résultats de notre voyage, je ne suis pas tout à fait content. Je suis aussi très peiné de n'avoir pas pu aller à Jérusalem; dans des temps calmes, j'aurais pu y arriver d'Alexandrie en quatre ou cinq jours. Je considère l'affaire de Damas comme inachevée. Aussitôt que cette ville, — comme c'est à espérer maintenant, — sera tombée au pouvoir du Sultan, toute l'affaire devra être examinée à nouveau, et toute la lumière mise au jour. Pourtant, alors, la présence de délégués européens ne sera plus indispensable. »

Rome, 26 novembre 1840.

« Très chère mère. — Comme je te l'ai fait pressentir dans ma lettre de Malte, j'ai fait de Civita Vecchia une excursion à Rome, pour voir en passant cette ville célèbre. Une année suffirait à peine pour examiner en détail les innombrables monuments de l'art qui sont entassés ici. Ce qui m'a le plus intéressé, ce sont les vestiges de l'antiquité, et j'ai pu les passer suffisamment en revue pendant mon court séjour dans cette ville.

« Une triste vue est offerte par le ghetto, ou quartier juif. Nos coréligionnaires vivent là sous l'oppression la plus lourde. Ils sont exilés dans l'une des parties les plus misérables de la ville, et qui, d'après sa situation, fait partie de l'ancienne Rome. Là, on leur a assigné un petit nombre de rues sales, auxquelles on arrive par diverses portes, closes la nuit. La plupart d'entre les Juifs se livrent au petit commerce ; peu d'entre eux peuvent apprendre désormais des professions. Par suite de l'oppression, une grande ignorance règne chez eux, et c'est seulement par besoin qu'ils ont quelques médecins. Près du quartier juif, on voit l'arc de triomphe sous lequel Titus fit son entrée à Rome, en revenant après la destruction de Jérusalem ; on voit figurer sur cet arc plusieurs des vases du Temple, comme par exemple le chandelier d'or et la table des pains de proposition. D'ordinaire, les Juifs font un détour pour n'avoir pas à passer sous cet arc de triomphe. Pourtant, tout à l'entour, on voit la vieille Rome en ruines, transformée en monceaux, morte, tandis que le Judaïsme subsiste encore et subsistera toujours. Comme une sorte de réplique à l'orgueil des magnifiques palais, la simple grande synagogue porte à l'entrée, sur un carrreau noir, ces mots (Ps., 137,5) : « Si je t'oublie, Jérusalem, j'oublierai ma main droite. » Pour moi, tout cela est plus intéressant et plus édifiant que tout l'éclat dont brille ici le christianisme, qui dans toute l'Italie est un vrai paganisme. Pour moi s'accomplira le proverbe : « avoir été à Rome sans voir le Pape. » Jusqu'à présent je n'ai pas eu la chance de le voir, et je ne m'en tourmenterai pas davantage. »

Le lendemain, 27 novembre, il écrit à M<sup>me</sup> Charlotte Danziger, à Grünberg :

« Très chère sœur. — Les points dont parle ta lettre ont désormais vieilli. Depuis lors,

dans plusieurs de mes lettres, j'ai raconté la
marche et l'issue de nos affaires en Egypte ;
j'ai fait connaître aussi combien je suis peu satisfait de ce qui a été accompli. Ce n'est pas la
faute à ma bonne volonté, si l'on n'a pas fait
davantage, et les deux chefs de la mission
doivent seuls en porter la responsabilité. Tu
t'étonnes de ce qu'à côté de ces hommes je n'ai
pas été nommé dans les journaux ; mais dès le
commencement j'ai dit que j'accompagne seulement M. Crémieux à titre d'orientaliste. M.
Montefiore aussi a été accompagné par deux
personnes. Nous avons servi à l'affaire par nos
conseils et notre labeur ; mais, comme délégués
officiels, on a seulement considéré ces deux
messieurs ; déjà l'affaire a trop souffert de la
rivalité existant entre eux, pour que nous
autres ayons encore voulu nous faire valoir par
vanité personnelle. Du reste, dans les journaux
on mentionne seulement ceux qui le veulent
bien et qui provoquent ces mentions ; j'attache
trop peu de poids à ce détail, pour y consacrer
une démarche ou un trait de plume, j'ai plus de
satisfaction à accomplir quelque chose. Ainsi,
en fondant l'école du Caire, dont l'idée première
m'appartient, je me suis contenté d'agir ; j'ai
laissé à M. Crémieux, qui a même donné son
nom à l'école, le soin de faire sonner la trom-
pette dans les journaux. Cependant, après mon
départ, le comité de l'école paraît avoir senti
qu'il me devait au moins quelque reconnaissance ; car à Malte j'ai reçu du Caire une lettre
adressée par le Président de la commission des
écoles, qui, au nom de tous les membres, ses
collègues, m'avise que, dans la séance tenue
après mon départ, on m'a conféré le titre de
« Protecteur primitif de l'école du Caire, » et

que, dans leur reconnaissance, ils me prient
d'accepter ce titre.

« Jusqu'à présent, je ne sais si M. Crémieux
a laissé savoir dans les journaux en quoi j'ai col-
laboré à l'affaire ; ce qui, du reste, m'est parfaitement indifférent. Si tu avais appris à connaître la fabrication des journaux, comme je la
connais, tu t'en soucierais également peu.

Mon séjour à Rome a été court, mais riche
en impressions de toutes sortes. Je quitte cette
ville, demain soir, pour pouvoir, le dimanche 29,
reprendre à Civita Vecchia le bateau à vapeur
qui va à Marseille. J'ai fait ici très peu de connaissances ; j'ai préféré utiliser le peu de temps
pour voir autant que possible ce qu'il y a de
plus remarquable. Pourtant, je n'ai pas manqué
de rendre visite au cardinal Mezzofanti, célèbre
linguiste. Cet homme n'est jamais sorti des
Etats romains, et, pourtant, il parle couramment
des langues innombrables, sans accent étranger. Il a parlé avec moi hébreu, allemand, arabe,
persan. Lorsque je lui eus dit que je suis de la
Silésie, il a commencé à parler polonais, dont
malheureusement je n'ai rien compris. Ce génie
des langues est quelque chose d'extraordinaire
et d'incompréhensible. Toutefois, cet homme
étonnant se réduit à la simple conversation ; la
littérature des diverses langues lui paraît moins
familière. »

On n'a pas jugé superflu d'exposer longuement cette page de la vie de Munk ; car certaines péripéties de ce grave événement s'ef-
facent bientôt de la mémoire des contemporains,
et même un des principaux acteurs de ce drame
n'en possédait plus, au bout d'une trentaine

d'années, le souvenir bien complet. La lettre suivante à M^me Munk, écrite du Sénat vers 1875, l'atteste :

« BIEN CHÈRE MADAME. — Une indigne publication rappelle dans les détails les plus mensongers, les plus calomnieux contre nos Juifs de Damas, la déplorable affaire qui se termina si heureusement par Méhémet-Ali. Je veux répondre au misérable écrivain qui est un prêtre, et je ne trouve plus ce que j'avais écrit dans les détails les plus minutieux sur ce qui s'est passé à cette époque entre nous et le Pacha. Auriez-vous, bien chère Madame, conservé quelque travail de mon si digne et si regretté compagnon, qui m'a donné alors un si puissant concours? A-t-il laissé un récit 1), qui serait en ce moment si nécessaire, pour rappeler cette tragédie, qui finit par une si excellente conclusion ? Vous auriez alors la complaisance de la confier au porteur, et je me ferai un devoir de vous la rendre dans la journée de demain. Laissez-moi, Madame, vous dire, au nom de ma femme comme au mien, l'expression de nos meilleurs et plus affectueux sentiments.

« AD. CRÉMIEUX. »

Cette lettre à M^me Munk va nous servir de transition pour parler de son mariage. Le mardi 26 octobre 1841, — ou selon l'ère juive le 11 Marheschwan 602, aux termes du contrat hébreu du mariage placé sous nos yeux, signé de la main de Munk et des témoins : 1° Jacob

(1) Malheureusement, pas même dans sa *Palestine*, Munk n'a retracé ces faits.

Mayer (1), ministre officiant ; 2° Elie Polak, *schamass*. — il épousait M^lle Fanny Reishoffer. De cette union, il lui est né, — outre un fils, Louis, mort à la fleur de l'âge, — trois filles. Alice, Régina et Camille, qui, par leurs mariages respectifs, sont devenues : M^me Maurice Franck, M^me Charles Waël, M^me Joseph Heilbronner. Sa femme, pleine de cœur, sera, dans ses ténèbres et jusqu'à son dernier jour, sa consolation, son orgueil et son appui. Au jour du mariage, ses « dévoués élèves sont heureux d'assister à la circonstance solennelle et de faire des vœux pour son bonheur (2). »

## IV

Comment, depuis qu'il est marié et jouissant à la Bibliothèque d'un traitement d'à peine 900 francs, Munk a-t-il trouvé le secret de servir à sa mère une rente de 1200 francs ? On pourra facilement percer à jour le mystère de ce nouveau système d'économie domestique, — selon l'expression d'Adolphe Franck, — quand on apprendra qu'il avait la plume à la main, ou qu'il était entouré d'élèves, du matin jusqu'au soir, parta-

(1) Père de Maurice Mayer, orfèvre ; grand-père de M. Ernest Mayer, ingénieur en chef ; prédécesseur de Marcus Prague, à ce que nous apprend son fils.

(2) Lettre de MM. les barons Alphonse et Gustave de Rothschild.

geant son temps entre les leçons et ses travaux
d'écrivain.

Dès le 16 mars 1842, Ad. Franck, encore professeur de philosophie au lycée Charlemagne (1),
propose à Munk de collaborer à son *Diction-*
*naire*, et lui écrit en ces termes :

« MONSIEUR. — Une publication importante
vient d'être confiée à ma direction, et je viens
vous offrir d'y prendre part en qualité de colla-.
borateur. Il s'agit d'un *Dictionnaire historique et*
*critique de la philosophie*. Si vous pouvez vous
charger des articles qui concernent la philosophie des Arabes, faites-moi l'honneur de venir
me voir ; je vous donnerai de plus amples renseignements. J'aurais eu l'avantage d'aller vous
trouver si une maladie de larynx, jointe à de
nombreuses occupations, me laissait plus libre,
dans l'emploi de mon temps.

« Vous me trouverez le matin jusqu'à une
heure, et le soir de six à huit heures. »

Munk, probablement, a dû hésiter quelque
peu d'accepter la proposition, pour on ne sait
quelle raison, puisque Ad. Franck revient à la
charge par sa lettre du 5 avril.

« J'ai vu hier, à votre intention, M. Hachette.
Il avait déjà entendu parler, avec les plus grands
éloges, du *Dictionnaire* de M. Freund. Mais
comme il publie en ce moment un *Dictionnaire*
semblable, il ne peut pas faire de concurrence
contre lui-même. J'attends toujours votre réponse définitive à la proposition que j'ai eu

(1) Demeurant alors 30, rue des Tournelles.

l'honneur de vous faire. J'espère qu'elle sera telle que je la désire, et vous prie de recevoir l'assurance de mon estime toute particulière. »

« A.D. FRANCK. »

Il faut croire qu'avant le commencement de l'année suivante S. Munk s'était engagé à cette collaboration, puisqu'à la suite d'une lettre demandant à emprunter pour quelques jours l'*Histoire des sectes juives*, par Peter Beer, Franck ajoute ce post-scriptum :

« Vous me permettrez de ne pas laisser passer cette occasion sans vous rappeler que nous voilà déjà arrivés au 15 mars, et que j'attends pour la fin du même mois votre article sur la philosophie des arabes. »

Dans ce recueil, appelé définitivement *Dictionnaire des sciences philosophiques* (sous la direction d'Ad. Franck), on retrouve des notices ébauchées auparavant par Munk dans l'*Encyclopédie nouvelle*, mais plus développées cette fois (1). L'une d'elles, intitulée *Juifs*, a été reprise en 1852 par Bernard Beer, qui a donné une traduction allemande de l'article paru au *Dictionnaire* avec des notes publiées lors de la reproduction de cet article par les *Archives israélites* (mars, juin et août 1848). Le traducteur, de son

(1) Voici la répartition des 20 articles donnés à ce *Dictionnaire*, signés des initiales S. M. tels qu'ils ont paru dans la première édition, en 6 volumes (1844-52) : t. I, Arabes ; t. II, Gazali, vulgo Algazel; Farabi ; t. III, Ibn-Badja ou Avempace ; IbnRoschd ou Averrhoes ; Ibn Sina ou Avicenne ; Juifs : Kendi : Léon Hébreu ; t. VI, Tofail (Ibn).

côté, y a joint de nouveaux éclaircissements, repris et discutés à leur tour dans les *Mélanges de philosophie juive et arabe*, 2ᵉ partie.

A partir de ce moment, notre orientaliste semble moins éparpiller les produits de sa plume, opérer une sorte de concentration de ses écrits, préludant ainsi aux mémoires plus développés que de simples articles, qu'il va donner au *Journal asiatique*. A propos du grand ouvrage de Maïmonide, dont il ne perd pas de vue la publication projetée, bien qu'il ne puisse songer à sa réalisation immédiate, Munk a fait des recherches sur le personnage auquel le philosophe de Cordoue s'adresse dans le *Guide*. Cette étude inspire à Munk un mémoire intitulé : « Notice sur Joseph ben Iehouda, disciple de Maïmoni » (1842). Elle a donné lieu à un léger incident sur la priorité d'un point d'histoire littéraire : Dans le *Magasin für die Literatur des Auslands*, Lebrecht avait remarqué la coïncidence fortuite d'opinions au sujet des prétendus rapports qui, selon Léon l'Africain, auraient existé entre Maïmonide et Averroés, pendant que, de son côté, Munk émettait la même théorie. Il a été reconnu, de part et d'autre, que c'était l'effet d'une simple rencontre (1) : c'est par suite d'un pur hasard que les deux écrivains ont exprimé la même pensée, au même moment.

C'est là un des nombreux traits de loyauté

______

(1) *Journal asiat.*, IIIᵉ série, t. XIV, p. 446.

dans la vie scientifique de Munk, si bien remplie malgré l'accaparement de ses fonctions à la
Bibliothèque. Toutefois, ces fonctions mêmes,
bon gré mal gré, le lancent dans des digres-
sions (1). Ainsi en cette même année 1842, Munk
découvre le manuscrit qui contient la description de l'Inde d'El-Birouny. Une note anonyme,
publiée dans le *Journal asiatique* de 1843 sous la
rubrique *Bibliographie* (2), s'exprime ainsi à ce
sujet :

« M. Munk, attaché au Cabinet des manuscrits de la Bibliothèque royale, a eu le bonheur
de mettre la main sur une description de l'Inde
en langue arabe, ouvrage inédit jusqu'ici, complètement inconnu, et qui renferme des détails
fort curieux sur la littérature, la philosophie,
les sciences, les usages, etc. des Indiens. Quoique
cet ouvrage ne porte ni titre, ni date, ni nom
d'auteur, on reconnaît, par plusieurs passages,
qu'il a été composé dans le premier quart du
XI° siècle, et il paraît certain qu'il a pour auteur le célèbre astronome Aboúl Rihân al Bi-
rouni. Cette description jettera une vive lumière
sur plusieurs dates historiques de la littérature
sanscrite. M. Munk, qui en prépare une édition
accompagnée d'une traduction française et de
notes, en donnera des détails dans l'un des pro-

(1) Les notes détachées sur les manuscrits de la Bibliothèque
de Paris se trouvent dans les *Israélit. Annalen* de Jost., t. III,
p. 76, 86, 93.

(2) *Journal asiatique.* de 1849, t. I, p. 384.

chains cahiers du *Journal asiatique*. » On sait que
ce projet n'a pas eu de suite, malgré une velléité
de reprise en 1866, comme on le verra ci-après
à cette date.

Cette découverte, aujourd'hui négligée ou
peut-être réléguée dans le passé, fit grande sensation dans le monde savant, et il n'est pas
étonnant qu'elle ait joué un certain rôle dans
la carrière littéraire de Munk. C'est que, depuis
ce moment, un célèbre astronome du temps lui
voua une grande considération, qu'il fit valoir
en maintes circonstances, à propos d'autres
questions de son ressort.

L'astronome J.-B. Biot sollicite Munk et lui
écrit le 25 septembre 1843.

« MONSIEUR, j'ai terminé la rédaction de mon
article sur le traité d'Aboulwéfa ; comme j'y
mentionne vos recherches et le secours que
vous avez bien voulu me donner, je voudrais
être sûr de m'être exprimé d'une manière qui
vous fût agréable. Je désirerais donc que vous
vous voulussiez bien venir entendre la lecture
de cet article, dans une des matinées prochaines,
soit demain mardi ou mercredi, ou enfin jeudi
avant midi, en choisissant celui de ces jours là
qui vous conviendra le mieux ; mais nous ne
pouvons pas retarder plus loin que jeudi, parce
que je dois le lire à la conférence ce jour-là
même. Pour mon désir, le plutôt que vous
pourrez venir sera le mieux, parce que j'aurai
plus de temps pour profiter de vos avis. »

Voici à quoi cette lettre se rattache : Le 26 juin
1843, Munk adresse à F. Arago une lettre sur

les découvertes attribuées aux Arabes, relativement aux inégalités dans le mouvement de la lune, se référant à une communication de même nature faite sept ans plus tôt par M. Sédillot, à l'Académie des sciences (1). La lettre de Munk, lue devant cette même Académie (2), fait l'objet d'une réplique de M. Sédillot. M. Munk la réfute par une nouvelle note, comme le relate le procès-verbal de la séance du 3 juillet de l'Académie des sciences (3).

En dépit de tout, l'historien des Arabes n'a jamais voulu se laisser convaincre, et plus de dix ans après, il écrit (4) : « Frappé de l'imperfection de la théorie lunaire de Ptolémée, Aboulwéfa vérifia les anciennes observations et signala, indépendamment de *l'équation du centre* et de *l'évection*, une troisième inégalité qui n'est autre que la *variation*, déterminée 600 ans plus tard, par Tycho-Brahé. On a vainement cherché à obscurcir la question, en produisant une version inintelligible de l'auteur arabe ; les termes qui constatent la découverte sont si formels et si positifs, qu'elle restera désormais acquise à la science. »

Puis Sédillot ajoute cette note aigre-douce : « Nous avons réuni, au t. I de nos « matériaux

(1) Comptes-rendus, 1836, 1er semestre.
(2) *Ibid.*, 1843, t. XVI, p. 1444-6.
(3) *Ibid.* t. XVII, p. 76-80.
(4) Sédillot, *Histoire des Arabes* (Collection Duruy), 1854, p. 354.

pour servir à l'histoire comparée des sciences mathématiques chez les Grecs et les Orientaux », tout ce qui concerne Aboulwéfa, les objections soulevées à l'Académie des sciences au sujet de la découverte de la 3ᵉ inégalité lunaire. et les réponses que nous avons faites. On y remarquera les expressions peu mesurées de M. Biot, désertant le terrain de la science pour se jeter dans des personnalités. »

Ce n'était pas la première fois que Biot avait soumis sa rédaction à l'orientaliste et qu'il le consultait aussi scrupuleusement. puisque le 16 du même mois il avait écrit à Munk :

« J'ai montré hier votre petite note à Quatremère. à l'Académie. Il n'avait rien trouvé, et il m'a paru assez frappé de voir que vous aviez songé à chercher dans Euclide la preuve de l'existence de mots qui auraient pu donner celui que nous cherchons. J'ai demandé à M. Naudet [1] la permission d'entrer un moment, avec vous, aux Manuscrits pour comparer certains passages de Ptolémée dans les versions arabes, ou déduites de l'arabe, et dans celles qui sont faites immédiatement sur le grec. Il a fallu prendre le jour de M. Hase [2], qui sera notre introducteur. Il m'a assigné mardi prochain à midi. Je désirerais vivement que vous pussiez vous trouver un peu avant cette heure là dans le jardin de la bibliothèque, en face de la grande porte de la rue de Richelieu. J'y serai de mon

(1) Alors directeur de la Bibliothèque, président du conservatoire.

(2) Conservateur en chef du département des Mss.

côté à 11 heures 3/4 au plus tard, et nous irons frapper ensemble à la porte de la salle des manuscrits, comme M. Hase me l'a recommandé, si nous ne le trouvons pas dans son chemin pour s'y rendre.

« Mais j'ai encore un plus pressant besoin de vous voir, avant ce rendez-vous, pour notre manuscrit d'Aboulwéfa, car je suis arrivé dans ce moment à lui. Je voudrais vous montrer la traduction que nous avons combinée M. Reinaud et moi, pour être complètement certains qu'elle est exactement littérale. Il y a aussi deux passages sur lesquels je voudrais encore vous consulter et pour lesquels il sera peut-être nécessaire que je vous remette le manuscrit. Je vous prie donc instamment, si cela ne vous est pas impossible, de venir passer une heure avec moi au collège de France, soit demain dimanche, soit après demain lundi, dans la matinée, à l'heure qui vous plaira, et aussi matin que vous voudrez, pour conférer de cette affaire. Je vous demande pardon de vous déranger ainsi, mais c'est pour vous que j'agis, puisque c'est pour établir sûrement une vérité sur la voie de laquelle vous nous avez, le premier, amenés, et je serai bien reconnaissant si vous pouvez me donner demain ou après demain la consultation que je vous demande.

« Veuillez agréer l'expression de tous mes sentiments d'estime pour le zèle et les connaissances approfondies, dont vous m'avez déjà donné tant de preuves.

« J.-B. BIOT. »

Au milieu de ces travaux variés, un grave chagrin de famille le frappe subitement. En avril 1844, Munk a perdu sa mère. En l'apprenant il écrit à sa sœur, M^me Charlotte Danziger, le 22 mai :

« MA CHÈRE SŒUR. — Où trouver des mots
pour la douleur inexprimable qui est en mon
cœur? Il y a peu de jours encore, je me livrais à
l'espoir que le ciel réalisera enfin le plus intime
et le plus ardent de mes désirs, et que j'aurai
le bonheur de serrer dans mes bras ma bien-
aimée mère, après une séparation de longues
années. Il y a peu de jours encore, j'ai été bien
heureux par sa lettre, qui m'apportait ses vœux
maternels (pour l'anniversaire de naissance), et
soudain arrive la nouvelle effrayante qu'elle
n'est plus ! La pensée que son désir n'a jamais
été satisfait, l'image de son chagrin, me déchire
le cœur. Sans consolation, mon esprit s'arrête
auprès de sa couche à la dernière heure. Si du
moins le Ciel m'avait accordé le bonheur de
rasséréner ses derniers jours ; si au moins son
œil mourant eût pu jeter encore sur moi un
dernier regard d'affection, j'aurais trouvé là
quelque allègement à mon chagrin. Mais à ma
perte comme elle est survenue, il n'y a pas de consolation. L'image de ma mère, mourant sur le
sol natal au loin, voltigera sans cesse devant
mes yeux ; quand même des années auront
passé, et que le Ciel accordera sa protection paternelle à d'autres êtres qui me sont chers,
jamais, — je le sens, — il n'y aura de joie sans
mélange qui égaye mon cœur ; car la peine enracinée au plus profond de mon âme assombrira les tableaux les plus animés de la vie présente, par l'ombre des tristes souvenirs.

« Toi, chère sœur, tu as au moins la consolation d'avoir offert à notre chère mère de bonnes
heures de sérénité, par ta présence et celle de

tes enfants. Sa vieillesse a trouvé en vous tous un appui et des soins. Mais moi, que la Providence dans ses desseins a transplanté dans un pays lointain, je n'ai rien pu faire pour elle. A peine ai-je trouvé un peu de satisfaction à lui envoyer quelque chose de temps en temps; mais j'espérais que tout cela changerait, et je rêvais un bonheur dans le sens conçu par notre mère, qui eût pleinement réjoui ses derniers jours. Souvent, il est vrai, la pensée m'a hanté qu'il serait trop tard, et les larmes m'en venaient aux yeux; mais j'ai toujours repoussé les tristes pensées, et je me consolais en me fiant à la Providence, qui récompenserait les vertus de notre mère par une fin heureuse. Oui, certes, elle trouvera sa récompense dans une vie meilleure; mais je n'ai pas eu la consolation de collaborer avec ceux qui forgeaient son bonheur : la Providence ne m'a pas jugé digne de cette grâce.

« Désormais, chère sœur, pour adoucir mon tourment, raconte-moi les derniers moments de la vie de notre chère mère, comment elle a vécu et comment elle s'est éteinte. Je lirai les moindres faits avec émotion, et cette émotion est ce qui convient le mieux à mon état actuel, les paroles consolatrices n'ayant pas d'écho dans mon cœur. J'oublie que tu as aussi besoin d'être consolée, mais tout ce que je puis maintenant sous ce rapport, c'est de me taire et de me contenir, pour ne pas t'affliger davantage. Puisse Dieu nous envoyer à tous deux sa consolation céleste ! Ma bonne femme m'a donné dans ces jours la preuve la plus touchante de son attachement. La nouvelle du deuil, au premier moment, a secoué sa nature tendre plus que moi-même ; elle avait appris à aimer et à vénérer notre mère, sans la connaître. Bien qu'elle ne puisse pas encore remuer son doigt endolori, elle veut cependant s'efforcer d'ajouter ici un mot... »

On conçoit que Munk exhale sa douleur devant la perte de celle qu'il a entourée d'une sollicitude aussi pieuse que discrète. Tout à fait en post-scriptum à une longue lettre du 21 mars 1833, Munk avait écrit à sa mère :

« Je te prie de me faire le plaisir d'accepter pour ton usage le petit envoi ci-joint, pris sur mes économies. Cet hiver, j'ai eu à Paris plus d'occupations que jamais, et si cela continue de même, il faudra que je te prie, de temps en temps, d'accepter mon superflu, puisqu'à Paris cela ne vaut rien pour un jeune homme. »

Ainsi, il s'excuse modestement de pourvoir aux besoins de sa mère bien-aimée, s'effaçant sous un prétexte quelconque, et il la perd, hélas ! juste lorsque l'avenir sourit à ses efforts.

La place de secrétaire du Consistoire central des Israélites de France devenue vacante, Munk se présente pour l'accepter. A ce propos, Ad. Franck lui écrit le 25 juillet 1844 :

« J'ai bien regretté de n'avoir pas été à la maison quand vous m'avez fait l'honneur de venir me voir. J'aurais voulu causer avec vous de vos intérêts et des vues qu'ont sur vous quelques membres du Consistoire central. Quant à l'objet de votre demande, la seule réflexion qu'il fasse naître en moi, c'est qu'il est beaucoup trop modeste. Mais puisque vous voulez bien vous contenter de cela, ma voix vous est acquise, si ma nomination est confirmée à temps pour vous donner cette faible preuve de mon estime. Dans le cas contraire, je tâcherai d'obtenir de M. Cerfbeer qu'il vote dans le même sens. Vous aurez sans doute aussi l'appui de M. Crémieux. Mes autres collègues me sont complètement inconnus.

« Recevez la nouvelle assurance de ma plus haute considération et de mon sincère dévouement.

La candidature à cette fonction a été agréée, et la nomination ne s'est guère fait attendre. Munk s'empresse d'en faire part à sa famille au dehors, par le mot suivant, le 8 septembre :

« TRÈS CHÈRE SŒUR. — A partir du 1ᵉʳ octobre, je remplirai les fonctions de secrétaire auprès du Consistoire central. Ce poste, il est vrai, me force de renoncer à d'autres occupations ; mais les revenus certains sont toujours préférables aux incertains, même si ces derniers sont parfois plus lucratifs Cette fonction me rapportera 1500 francs par an, et peut-être plus tard 1800. Par contre, je suis toujours en lutte à la Bibliothèque, parce que mes chefs ne donnent pas suite à leurs promesses, et qu'après avoir rendu d'importants services, il me faut toujours combattre pour mes droits... »

Dans ce dernier poste également, Munk a la satisfaction au moins relative, de voir sa situation régularisée. ainsi qu'il l'écrit le 15 novembre 1844 :

« TRÈS CHÈRE SŒUR. — Ma situation propre n'est rien moins que brillante ; j'acquiers, il est vrai, le nécessaire, mais avec les plus grands efforts, en employant chaque minute. J'ai conservé mon emploi à la Bibliothèque, car j'ai obtenu une nomination régulière qui me confère plus de droits à un avancement. J'ai désormais un traitement annuel de 1200 francs, mais, pour cela, il faut que je passe cinq heures par jour à la bibliothèque, ce qui pour moi n'est pas une petite charge. Il faut que je fasse ce sacrifice à l'avenir ; mais, pour l'instant, il faut à cet effet me surmener, car mes deux emplois me rapportent à peine la moitié de ce qui m'est nécessaire. Il faut encore que je m'occupe beaucoup à donner des leçons, ou à fournir des travaux particuliers : ce qui est très préjudiciable à mon activité littéraire. »

A dire vrai, cette dernière plainte est-elle fondée, précisément lorsque les résultats littéraires semblent protester ? Que son travail quotidien ne lui suffisait pas, malgré ses fonctions multiples, on le sait en dehors de la correspondance entre Munk et sa sœur. Ses diverses publications données pendant de longues années, soit à la *Bible Cahen*, soit au *Temps*, soit au *Journal asiatique*, soit au *Dictionnaire des sciences philosophiques*, révèlent sa profonde connaissance de l'histoire des Orientaux. Aussi, l'éditeur Firmin-Didot vient à son tour lui demander un volume pour une des collections qu'il publie en ce moment. C'est le premier ouvrage d'ensemble portant le nom de Munk, intitulé : *Palestine, Description géographique, historique et archéologique*, 1845 (1 vol. gr. in-8° de 704 p. à 2 col.), en texte compact, avec cartes et planches, contenant la valeur de trois volumes ordinaires. Ce volume de la collection de l'*Univers pittoresque*, devenu populaire, a survécu presque seul au reste de cette collection. La traduction allemande faite en 1871-72, par M. A. Lévy, forme deux vol., bien qu'elle atteigne seulement le tiers de l'œuvre.

Ce livre contient d'abord une description de la nature physique et topographique de la Palestine. Il traite ensuite des anciens habitants païens avant l'invasion des Hébreux sous la conduite de Josué ; il expose leur histoire, les antiquités hébraïques et la civilisation des premiers Hébreux. Il présente ensuite l'histoire de la Palestine et des Juifs depuis l'exil de Babylone jusqu'à la destruction de Jérusalem par les Romains. Le volume se termine par un Appendice où l'auteur jette un coup-d'œil sur les événements qui se sont déroulés en Palestine depuis la destruction de Jérusalem et des Croisades jusqu'aux temps modernes. Finalement, on y trouve une « Note sur les voyageurs qui ont décrit la Palestine depuis le Moyen Age jusqu'à nos jours. » C'est un véritable abrégé de l'hébraïsme où Munk a exposé, sous une forme raccourcie, ses idées sur l'histoire et la littérature des Hébreux ; c'est un modèle d'étude historique. On sent, sous chaque phrase, que l'auteur sait beaucoup plus qu'il ne dit, qu'il se restreint, que son intention est de faire un résumé de ses longues et profondes études sur l'époque classique du peuple juif. Volontiers, il eût re-

pris plus tard son ouvrage pour le refondre en
un texte nouveau, plus étendu et plus appro-
fondi. Malheureusement il ne trouva pas le
temps de revenir sur cette partie de ses travaux.
Toutefois, il a suffisamment exposé ses vues et
ses théories, pour que l'on puisse les apprécier.

Entre temps, Munk délaisse l'histoire et
même la philosophie, pour revenir à des travaux de linguistique. C'est ainsi que, dans le
*Journal Asiatique* de 1846, il examine la *Grammaire hébraïque raisonnée* du grand rabbin S.
Klein. Les grammaires hébraïques, remarque
Munk à ce propos (1). — comme il aura l'occasion de le rappeler quinze ans plus tard pour
celle du médecin J. M. Rabbinowicz (2), — ces
grammaires, publiées dans les différentes langues d'Europe et d'Asie, sont au nombre de plusieurs milliers. Celle de M. Klein est remarquable par la méthode ; elle est très utile à ceux qui
firent connaître tous les principes de la langue
hébraïque, principes nécessaires pour l'intelligence des textes sacrés.

En 1846, Munk découvre que le néoplatoni-
cien arabe, souvent invoqué dans la philosophie scolastique sous le nom d'Avicebron ou
Avicebrol, n'est autre que le poète juif Salomon

(1) *Nouvelle grammaire hébraïque,* raisonnée et comparée,
par M. Salomon Klein, rabbin à Durmenach(Mulhouse, 1846, 8°);
compte-rendu analytique au *Journal asiat.*, III° série, t. **xxi**,
p. 151.

(2) Traduction J.-J. Clément Mullet, présentée à l'Académie
des Inscriptions le 4 mars 1861.

Ibn Gebirol, et il en fait part, pour prendre date, dans le journal l'*Orient* de Fürst (1), se réservant de traiter le sujet avec plus d'ampleur et les développements qu'il mérite, comme nous le verrons ci-après en temps et lieu.

Dans l'*Histoire littéraire de la France* (t. XXI, p. 506), il publie (sans signer) des biographies de rabbins français du XIII° siècle : Iehiel de Paris ; Nathan l'Official et son fils Joseph, Isaac de Corbeil ; Moïse de Coucy (2).

En 1847, s'adressant de nouveau aux lecteurs du *Journal asiatique* (3), Munk donne une interprétation de l'inscription phénicienne de Marseille ; cette interprétation est encore aujourd'hui considérée comme la meilleure que l'on ait donnée de ce texte.

Malgré cette accumulation de travaux, après des journées si bien remplies, il trouvait encore le temps de faire, pendant de longues années, un cours gratuit d'instruction religieuse à des enfants. Non moins que les aumônes spirituelles de la parole, il répand autour de lui les aumônes matérielles de la main à la main, dans une mesure considérable. Rien ne l'empêche d'exercer la charité avec délicatesse, et l'on se demanderait

(1) Dans le *Literaturblatt* de cette feuille ou supplément littéraire. 1848, n° 46, ou t. VII, p. 721.

(2) Articles reproduits bien plus tard dans l'*Annuaire Créhange*, 1858 et 1861.

(3) L'*Inscription phénicienne de Marseille*, traduite et commentée ; 3° série, t. X, p. 483 et suiv. (64 p. et planche).

vainement comment la modicité de ses revenus, pieusement dépensés, pouvait faire face à tant de charges, si l'on ne devinait l'intervention de sa digne compagne dans cet équilibre de la vie.

Combien d'actes de bienfaisance il a accompli, soit en donnant de sa modeste bourse, soit en sollicitant pour d'autres auprès des riches, nul ne le saura. Mais, dans sa correspondance, on retrouve parfois la trace fugitive de sa charité. Un de ses camarades d'études, élève du Rabbin Abraham Titkin 29 ans auparavant, soit en 1817, un certain Haïm J. Mendelssohn, qu'en raison de son lieu de naissance on surnommait Slatower, raconte qu'il a commencé sa carrière rabbinique par être lecteur à la Société de bienfaisance *Malbisch Aramim*, où Munk l'a remplacé, lorsque lui Mendelssohn a passé en la même qualité à Krotoschin, et qu'ensuite il a été nommé rabbin de la ville de Gutentag, en Haute-Silésie, vers 1825. Mais un grave incendie ayant éclaté le 2e jour de la fête de *Schebouôt* (1er juin 1846), comme le relate la *Bress' Zeitung*, la plus grande partie de la ville avec la synagogue a été ruinée. Le rabbin a dû se réfugier au loin, chercher un abri à Bojanowo, duché de Posen, où il est arrivé dans le plus grand dénûment. Par une autre lettre du même, datée de quelques mois plus tard, nous savons par qui il a été secouru : c'est un accusé de réception en style dithyrambique, tel que la langue hébraïque l'autorise.

Une autre fois, il s'agit, non plus de donner

des secours, mais d'obtenir pour un jeune homme,
soutien de famille, un adoucissement au service
militaire. Munk s'adresse au ministère de la
guerre, et, le 14 avril 1864, le directeur de l'administration, l'Intendant général M. C. Robert
un numismate, futur collègue de notre orientaliste à l'Institut) lui répond : « Nous espérons,
M. Fellmann et moi, obtenir du Ministre un
nouveau congé pour M. Lévy, sur la position
de famille duquel vous avez bien voulu appeler
notre intérêt, »

Bientôt, l'infatigable chercheur est atteint du
mal le plus terrible qui puisse frapper un homme
de science : sa vue, fatiguée par un travail inin-
terrompu et par la pénible lecture des manuscrits, faiblit de plus en plus ; elle finit par s'étein-
dre complètement. Pendant un an (1848), sans se
douter qu'il a déjà perdu un œil, il travaille
à l'aide de l'œil unique qui lui reste, jusqu'à ce qu'il soit frappé d'une amorose totale.
— Mais où l'envie ne pénètre t-elle pas ? Un de
ses collègue 'à la Bibliothèque, au lieu de com-
pâtir à ce malheur, voit dans ce fait brutal d'un
commencement de cécité, une cause indirecte
favorable à son propre avancement. Il dénonce
cette situation auprès de l'administration supérieure ; il fait savoir que Munk travaille au
dépouillement des manuscrits avec le concours
d'un secrétaire, et le père de famille est prié de
prendre sa retraite.

Au point de vue pécuniaire, il est porté remède

au mal par une mesure officielle : une pension
de 1200 francs est accordée à Munk par le Ministre de l'instruction publique (1). dont l'effet
(probablement par mesure rétroactive) commence à partir du 1ᵉʳ janvier 1848. Cette même
pension. ou subvention littéraire. n'ayant pas
la fixité et validité légale d'une pension de retraite, — à défaut du nombre exigible d'années
de présence à la Bibliothèque, — a été renou-
velée et confirmée à maintes reprises, entr'au
tres par le gouvernement de 1850.

Un autographe du général Changarnier, en
date du 13 février 1850, paraît se référer à ce fait
lorsqu'il écrit à Munk en ces termes.

« Monsieur. — Votre excellente lettre, au
lieu de me remercier, devrait me plaindre. Mon
pouvoir n'est pas bien grand et notre gouvernement est bien pauvre, puisque je n'ai pas pu
mieux faire. Lorsque mes amis et mes lectures
m'ont permis d'apprécier un homme d'un mérite aussi solide que modeste, il me semble
triste de n'avoir pu lui donner des preuves plus
sérieuses de l'estime et de la considération que
lui doivent l'Etat et le monde savant.

Agréez etc.,

« Changarnier. »

La multiplicité de ses travaux ne lui a peut-
être pas permis de prendre souci de sa vue et de
la ménager. Et pourtant, une quinzaine d'années
auparavant, il avait eu une sorte d'avertisse-

_______

(1) Lettre de M. le baron Alphonse de Rotschild.

ment. La lettre suivante du 15 avril 1834 en est
le témoignage :

TRÈS CHÈRE MÈRE. — « ... Mes yeux sont
maintenant de nouveau très bien, Dieu merci.
Tu sais que, dès mon enfance, j'ai souffert de
faiblesse des yeux. Depuis quelques années, le
mal n'a pas augmenté, et je ne crains pas non
plus de voir leur état empirer. S'il arrive une
fois par hasard qu'un travail soutenu me fatigue
les yeux, une heure de repos me suffit pour me
remettre entièrement. L'été où je travaille peu
à la lumière, ces cas de fatigue sont rares... »

Mais alors il n'en est plus de même. Munk
ne peut plus cacher son mal à sa famille. Il
écrit de Paris le 3 septembre 1850 :

« TRÈS CHÈRE SŒUR. — Par ta lettre du 23 juillet,
j'ai vu qu'une information, dans ma dernière
lettre, au sujet de mes yeux, t'a bien chagrinée.
Je ne veux donc pas te cacher la véritable situation, qui certes est assez fâcheuse ; cependant, elle est de telle sorte qu'avec des ménagements convenables, il n'y a pas d'aggravation
à craindre. Mon état, en somme, est à peu près
le même qu'il était lors du séjour de Louis (1) à
Paris. Dès lors, l'œil droit était perdu, l'œil
gauche, de temps en temps, particulièrement
le soir, ou par un temps sombre, semble entouré d'un brouillard, qui parfois devient si
épais qu'il me devient impossible de sortir seul.
Voilà pourquoi je t'ai dit que, dans mon état actuel, il me serait matériellement impossible de
voyager seul ; car, lorsque ce brouillard survient,

_______________

(1) Son neveu, un fils de M<sup>me</sup> Danziger.

il me faut un guide. Le sommeil me remet chaque fois sur pied ; aussi est-ce pendant les heures matinales que je me livre aux travaux les plus pressants, ainsi qu'à la correspondance que je dois restreindre le plus possible. Il faut que j'aie de la patience, et j'espère dans la bonté de la providence... »

Le 8 août 1851, Munk écrit à son neveu le docteur Samuel Meyer :

« CHER NEVEU. — Le docteur D. Löw m'a inspiré de la confiance, et j'exécute très ponctuellement ses prescriptions. Provisoirement, ses remèdes ont pour but d'enrayer le mal qui ne progresse pas. Il a trouvé que tout le corps vitré de l'œil est attaqué, et il ne m'a pas caché que l'œil, le seul qui me reste, est en danger grave. S'il réussit à arrêter le progrès du mal, on peut espérer également un entier rétablissement. »

Devant le mal irrémédiable, la carrière littéraire de Munk devait, à ce qu'il semble, être arrêtée ; c'est au contraire à ce moment qu'elle prend un nouvel essor. Les bornes imposées désormais à son activité extérieure pesèrent assurément sur son genre de vie, et l'on pouvait craindre, — par suite de l'impossibilité de poursuivre les recherches interrompues, — l'abandon du travail intérieur ; mais le courage déployé par Munk pendant toute sa vie ne l'abandonne pas dans ce terrible malheur, et avec l'aide d'un secrétaire qui lui fait la lecture, qui écrit sous sa dictée, il reprend la série des travaux les plus étonnants qu'un aveugle ait entrepris.

Déjà, pendant le cours des années troublées par les premières atteintes du mal, il avait composé une série d'articles sur l'histoire de la formation de la grammaire hébraïque. Ceux-ci nous enseignent la formation des règles de cette grammaire par les savants du moyen-âge ; c'est l'objet des articles du *Journal asiatique* (1), intitulés : « Notice sur Aboúl walid Merwân Ibn-Djanah et sur quelques autres grammairiens hébreux du X<sup>e</sup> et du XI<sup>e</sup> siècle, suivie de l'introduction du *Kitab-el-Luma* d'Ibn-Djanah en arabe, avec une traduction française. » (1850-51).

Dans cette notice, Munk décrit le grand ouvrage d'Ibn-Djanah, alors encore inédit (2), source où puisèrent tous les grammairiens et les lexicographes, notamment David Kimchi. Ces travaux de Munk sont du plus haut intérêt pour la constitution de la grammaire hébraïque, et ils montrent l'influence qu'a eue l'étude de la grammaire arabe sur les travaux des grammairiens hébreux. Cette notice, qui résume en un petit nombre de pages les éléments d'une science approfondie, présente des détails importants sur un autre savant grammairien, Samuel Ha-Naguid, et Munk termine par une analyse de l'œuvre d'Ibn-Djanah. — Des amis de l'Orienta-

(1) III<sup>e</sup> série, t. XV, p. 297 : t. XVI, p. 5, 200, 353 : t. XVII, p. 85.

(2) **Ad.** Neubauer l'a publié à Oxford, en 1876, d'après le manuscrit arabe (caractères hébreux) de Rouen, sous le titre : *The book of roots.*

liste ont alors la bonne idée de présenter ce travail au concours annuel de linguistique jugé par l'Institut de France, qui lui décerna aussitôt le prix Volney consistant en une médaille de 1200 francs).

De même, Munk revient aux études phéniciennes, et donne une interprétation de l'inscription qui se trouve sur le sarcophage d'Eschmoun-Ezer, donné au Louvre par le duc Albert de Luynes. Ce travail est intitulé 1) : « *Essai sur l'inscription phénicienne du sarcophage d'Eschmonezer, roi de Sidon*» (1856). C'est le premier monument phénicien qui ait été trouvé en Phénicie, le plus intéressant de tous, aussi bien à cause du contenu de l'inscription que des précieux éclaircissements qu'il apporte sur la construction de la phrase phénicienne et sur sa parenté intime avec la langue hébraïque. Dans son état de cécité, Munk est obligé de se faire lire les différentes transcriptions hébraïques avant de pouvoir arriver peu à peu à interpréter le texte. Il semble qu'au milieu de la nuit où Munk vit, il accumule sans fatigue une plus grande somme de recherches, et il augmente encore la perspicacité de son esprit. Il donne donc une copie du texte phénicien en caractères carrés, suivie d'une version en hébreu biblique, cette dernière langue, selon lui, ne différant de la phénicienne que par un petit nombre de

(1) IVe série, t VII, p. 274.

mots et de formes grammaticales. Ensuite, il traduit l'inscription et la commente avec cette sûreté de méthode qui lui est propre.

Pour bien se rendre compte de la difficulté d'un pareil déchiffrement, il faut se souvenir qu'il n'y a dans ces textes ni virgule, ni point, ni même de séparation entre les mots. L'inscription se poursuit sans arrêt ni interruption d'aucune sorte. Les lignes mêmes chevauchent les unes sur les autres. En aboutissant au résultat, l'auteur éprouvait donc d'abord le plaisir d'avoir vaincu la difficulté, ensuite la satisfaction de servir la science.

Ces travaux détachés ont successivement conduit Munk à réaliser d'autres œuvres, de longue haleine, méditées et mûries depuis de longues années. Puisque désormais rien ne le détourne plus de ses travaux devenus si chers, il leur consacre toutes ses forces, et il s'y livre tout entier : ce sont eux qui lui servent de consolation et de distraction. Tout en dictant, il prend lui-même sur les rayons de sa bibliothèque, parmi des milliers de volumes, celui qu'il s'agit de consulter. Grâce à ces occupations, la douleur n'a pas eu d'influence sur son esprit. Le croirait-on ? Sa bonne humeur ne souffrit pas de sa situation. C'est que « science et sagesse sont, chez ceux qui les possèdent, principe de joie et de sérénité », selon l'heureuse définition de M. Albert Cahen, inspirée par Rabelais et Montaigne, qu'il a formulée dans son Allocution aux élèves des écoles consistoriales de Paris, lors de la distribution des prix du 24 juillet 1899.

Munk n'a pas été le seul qui, dans cet état de cécité, se faisait remarquer par sa sérénité. Son collègue à l'Académie, Emile Egger, et plus tard un autre académicien, Joseph Derenbourg, tous deux frappés du même mal, ont joui du même privilège de bonne humeur : ce trio ne semble pas voir les tristesses de ce monde. Il a dû en être de même d'Augustin Thierry, un des prédécesseurs de Munk à l'Académie, et même de l'astronome Arago, avec lequel Munk avait correspondu en 1843. Le trait suivant, parmi bien d'autres, atteste d'une façon bien caractéristique la gaieté de Munk. Lorsqu'on lui rendait visite le soir, il reconduisait ses visiteurs, bien entendu, sans remarquer l'absence de lumière. Ainsi, d'habitude, il accompagnait jusque sur le palier Félix Hément. Un soir, celui-ci trébuche, ne trouvant pas la rampe de l'escalier. Alors Munk de lui dire ingénûment : « Est-ce que vous n'y voyez pas ? »

Notre écrivain fait alors paraître, et presque coup sur coup, ses plus grands ouvrages de philologie et d'érudition. Le premier volume de son édition de Maïmonide est d'avril 1856, et la première partie des *Mélanges de philosophie juive et arabe* est de mars 1857. Au premier de ces ouvrages, il consacre ses matinées ; ses après-midi se répartissent entre la rédaction des *Mélanges* et ses fonctions de secrétaire du Consistoire central des Israélites de France qu'il exerça jusqu'à sa mort.

Pendant 23 ans, il assure la direction de ce service, assisté d'un secrétaire-adjoint, et après avoir perdu la vue, il continue à dicter la correspondance avec les consistoires départementaux, d'une part, et le Ministre des cultes, d'autre part, le Consistoire central, comme on sait, servant d'intermédiaire entre le Gouvernement et les autres consistoires, pour la direction du culte. Afin de rédiger le procès-verbal de chaque séance sans rien omettre de ce qui se passe, Munk avait trouvé le moyen suivant : pour retracer les décisions du Consistoire central prises en commun, il plie du papier, puis trace au crayon dans les plis du papier les notes à conserver. Le lendemain, à l'aide des notes lues, il dicte à son secrétaire ou à l'une de ses filles. Voilà comment se termine la journée, commencée par l'élaboration des travaux philosophiques. Ecoutons les paroles de Munk lui-même à ce sujet :

« Revenu de mon premier abattement, soutenu par les encouragements de l'amitié et par une généreuse protection, j'ai vu dans les nouvelles difficultés mêmes que j'aurais à vaincre une diversion à la douleur, et j'espère, à force de persévérance, me créer une consolation par quelques faibles débris littéraires sauvés du naufrage (1) ».

(1) Préface à l'édition du *Guide*, t. I, p. iv.

De même, en tête des *Mélanges*, dans l'avis pour la première livraison, on lit : « Mon digne et savant ami, M. Gustave d'Eichthal, a ranimé mon courage pour ce travail et a bien voulu y intéresser quelques amis, guidés comme lui par la sympathie qu'ils veulent bien m'accorder et par un zèle réel pour la science. Ils n'ont pas voulu que les matériaux préparés fussent entièrement perdus, et ils ont cru devoir satisfaire à l'ambition légitime qui m'avait fait désirer de publier un document important, que naguère encore on croyait perdu sans retour, et dont le premier j'ai révélé l'existence et fait connaître le véritable auteur (1). Je dois aussi un témoignage public de reconnaissance à M. Samuel Brandeis, qui, avec un dévouement et une patience au-dessus de tout éloge, m'a assisté dans cette tâche difficile. C'est grâce à son concours intelligent que j'ai pu mettre en ordre tous mes matériaux, faire les recherches indispensables et achever la rédaction de ce travail. »

On vient de voir quel « Témoignage public de reconnaissance « est rendu à Samuel Brandeis, aussi compétent en littérature classique qu'en sciences naturelles, ou en mathématiques. Le premier des secrétaires qui aida Munk dans ses lectures, fut Isidore Stillman, mort fort jeune ; Munk déplore cette perte prématurée dans la Préface au tome I<sup>er</sup> du *Moré*. Pour continuer ce même volume, il eut ensuite le concours de Jos. Mistowski, lequel à son tour eut pour successeur A. Neubauer, qui resta peu de

(1) Cette découverte est désignée, entr'autres dans l'ouvrage de M. Hauréau, *De la Philosophie scolastique*, t. i, p 375, n° 3.

temps chez Munk, de fin 1856 à septembre 1857.

Du dernier de ses secrétaires pour le *Moré* (t. II et III), il sera question plus loin à propos de la Préface au t. III de cette œuvre. Mais, outre le concours de ses enfants pour sa correspondance privée, Munk avait, — en vue des travaux divers qu'il menait de front, — l'aide d'amis, celle de l'orientaliste J.-J. Clément-Mullet et d'autres érudits. A l'opposé de bien des écrivains, Munk n'a pas manqué d'exprimer sa reconnaissance à chacun pour la moindre participation, morale ou matérielle, fournie à son labeur.

Au sujet des manuscrits arabes du *Guide*, l'administrateur de la bibliothèque universitaire de Leyde, T. G. I. Juynboll, écrit à Munk, le 21 janvier 1857, pour le féliciter d'avoir pu, dans sa situation, publier le premier volume du *Guide*, et il sera heureux, en continuant à prêter les manuscrits nos 18 et 24, de contribuer à la continuation de cette entreprise. Il ajoute que, grâce à la description de ces deux manuscrits dans la Préface à l'édition de Maïmonide, M. Steinschneider qui imprime en ce moment le Catalogue des manuscrits hébreux de Leyde, n'aura qu'à se référer à cette description. Pour la IIe partie, Munk tire parti d'un manuscrit fort ancien, qui était la propriété du Révérend William Cureton et que celui-ci prête volontiers à l'orientaliste (t. II, *Préface*, p. IX).

La publication du *Moré* inspira au savant

italien Samuel David Luzzetto un sonnet hébraïque, publié pour la première fois dans les
*Archives israélites* (1), et qu'un neveu de Munk,
M. Samuel Meyer, traduisit en vers allemands,
publiés ensuite dans le *Magazin für die Literatur
des Auslands* (1857, p. 44) et reproduits dans les
poésies posthumes de ce dernier (en 1897, p. 98 .
Voici comment Luzzatto célèbre cette publication :

> « L'aveugle est à considérer comme mort. »
> Voilà ce qui se disait jadis. Tu as détruit ce dicton.
> Qui, comme toi, vit d'une vie plus belle, plus riche ?
> Nulle obscurité ne fait la nuit à ton esprit.
>
> Avec quel étonnement j'admire ton œuvre !
> Tu as su lui donner la pleine lumière,
> Enlever le voile des énigmes,
> Et des couches profondes tu tires l'or pur.
>
> Les soleils de l'Hellade et de l'Orient
> Sont réunis par toi. Le brouillard disparaît.
> Voici que Moïse (2) prie devant le trône du Tout-Puissant :
> « Comme ta force rajeunit l'œil de l'aigle,
> « Ainsi, Seigneur, favorise de ton rayon
> « Le patient qui lutte dans l'obscurité ! »

Une poésie hébraïque d'u même genre, qui est
restée inédite et qui mériterait les honneurs de
l'impression, a été adressée à Munk par Léopold Dukes, en janvier 1838, à propos de la publication sur Ibn-Gebirol (première partie des
*Mélanges de philosophie*). Dans ce poème de 26

(1) Décembre 1856, ou t. xvii, p. 706. Ce sonnet est reproduit dans l'œuvre posthume du même hébraïsant : *Poésie ed
epitafie* (Padua, 1879, in 8°), p. 318.

(2) On sait que tel était le prénom de Maïmonide.

vers, l'auteur transcrit la vision qu'il a eue : Salomon ben Gebirol lui est apparu en songe, et lui a exprimé les sentiments de reconnaissance qu'il éprouve pour celui qui lui a donné la joie de voir sa renommée ressuscitée.

Très peu de temps après, le 26 avril 1858, le même hébraïsant écrit de Londres, pour demander à Munk s'il écrira sur le Dante et Immanuel : on sait que ce vœu a été réalisé, et qu'un article de Munk sur ce sujet a été publié dans l'*Univers israélite* (1).

Dans une autre lettre de Londres, sans date, mais qui, d'après son contenu, doit être du commencement de 1858, Léopold Dukes raconte à son ami Munk avoir lu la récension du *Mekor Hayim* (ou première partie des *Mélanges de philosophie)* par Joel, et il a appris qu'il existe une dissertation sur la version latine du même sujet par Seyerlen, sans avoir pu encore la lire ; mais il lui est impossible de comprendre (*unbegreiflich*) comment Ibn-Gebirol a pu connaître les doctrines de Plotin. Pour toute réponse, Dukes aurait dû lire la lettre suivante de Bouillet, du 19 février 1858, adressée à Munk par l'auteur des *Ennéades* :

« MONSIEUR. — Bien que je n'aie pu lire encore le savant ouvrage que vous avez bien voulu m'envoyer, avec une si honorable dédicace à laquelle j'ai bien peu de titres, je ne veux pas

(1) T. **xv**, 1859, p. 505.

tarder à vous remercier d'un présent qui m'est précieux à plus d'un titre et qui me permettra de poursuivre avec plus de sûreté des rapprochements que j'ai déjà tentés entre la philosophie grecque et la philosophie orientale. J'avais déjà eu occasion de mettre à profit dans mon premier volume de *Plotin* vos *Mélanges de philosophie juive et arabe :* combien plus riche est la mine que je puis maintenant exploiter ! J'ai été heureux, en lisant votre *Préface*, de voir que nous étions entièrement d'accord sur le système de traduction à adopter pour des ouvrages du genre de ceux dont nous nous occupons tous deux.

« Agréez, monsieur, avec mes remerciements, l'hommage de ma profonde estime pour vos savants et utiles travaux.

Tous s'intéressent aux publications de Munk et veulent intervenir pour les faire connaître au grand public, au-delà du monde spécial des savants (1). C'est ainsi que nous voyons Adolphe Franck écrire le 8 avril 1857 :

« J'ai déjà lu en grande partie votre excellent travail sur Avicebron. De longtemps il n'a paru une publication aussi utile à l'histoire de la philosophie. Je me ferai une véritable fête d'en parler à l'Académie des sciences morales. Mais samedi prochain, à cause de la semaine sainte, il n'y aura pas de séance, ce sera donc pour le samedi suivant.

« En y réfléchissant, je me suis décidé aussi pour le *Moniteur*, de préférence à la *Patrie*, pour faire connaître votre livre au public.

(1) Le libraire M. Veit de Berlin, son camarade au gymnase Ioachimstal, lui écrit le 25 juin 1857, et offre de se charger de la vente des exemplaires du *Moré* en Allemagne.

L'analyse par Geiger est une véritable description de l'œuvre, la plus étendue autant que nous sachions (1).

De Padoue, le 20 mai 1857, S. D. Luzzatto écrit à Munk une lettre intéressante, qui n'a pas été reproduite dans la correspondance publiée par la famille de cet hébraïsant et qui mérite d'être reproduite ici, étant inédite :

« MON TRÈS RESPECTABLE AMI. — Je commencerai par l'affaire du manuscrit Wessely : mon ami le rabbin Ehrenreich m'a écrit qu'il venait d'écrire à M. Haarbleicher, lui offrant de restituer le manuscrit de Wessely dans les mains d'une personne qu'il indiquerait, contre une déclaration de sa part que lui (Haarbleicher) se chargerait de publier l'ouvrage le plutôt possible, et qu'il reconnaîtrait les héritiers Reggio absous (déchargés) de toute obligation prise par feu leur père touchant ce manuscrit. Il me communiquera la réponse de M. Haarbleicher aussitôt qu'il l'aura reçue. M. Wessely doit connaître ce M. Haarbleicher, qui a été son médiateur auprès de feu M. Reggio dans l'affaire de ce manuscrit.

« Quant à mes remarques sur votre lecture de l'inscription de Sidon, je ne veux pas les publier sans vos contre-remarques, votre réfutation ou votre approbation ; sans cela je les aurais envoyées à quelque journal allemand, sans attendre l'aumône de M. Bloch ou de M. Cahen. Ce dernier ne demande pas mieux que de m'obliger, dites-vous, ou plutôt vous

(1) *Zeitschrift der deut. morgenl. Gesellschaft*, t. XIV, p. 722-740.

dit-il. Moi je crois qu'il ne demande pas moins que de me voir harmoniser avec Spinoza, et abjurer mes plus solides convictions. Je ne m'opposerai pas s'il veut donner place à mes remarques sur la susdite inscription dans ses *Archives*; mais je ne veux pas qu'il croie m'obliger. Je lui suis obligé pour l'insertion du mémoire de mon fils sur les Falachas : voilà ce que je n'oublierai pas, mais je ne veux pas d'autres obligations.

« ... (1) Je désire vivement connaître votre travail sur Gebirol ; j'espère que vous n'en ferez pas un autre Spinoza, comme d'autres le voudraient. Le retard de la publication de mes remarques sur l'inscription que M. A. Cohn m'avait annoncée, a causé mon retard à lui écrire. A présent je suis embarrassé à le faire. Je suis chargé de péchés : il me pardonnera. Le pis est que je sens de la répugnance à envoyer des articles pour Jérusalem.

« Que le ciel bénisse vos efforts, et vous permette de jouir souvent de vos travaux. Croyez-moi votre sincère admirateur et très affectionné ami. »

De même, dans une lettre datée de Breslau, le 16 mai 1857, H. Grætz félicite .Munk d'avoir publié la première partie des *Mélanges de philosophie* : l'auteur de l'*Histoire des juifs* demande, pour son grand ouvrage en préparation, s'il existe quelque manuscrit arabe concernant David Alroï (2), et si la littérature arabe fournit des

(1) Laissons de côté quelques critiques et suppositions plus ou moins fondées contre un journaliste décédé depuis lors, ainsi que l'avis de mise sous presse de la *Grammaire* de Luzzato.

(2) V. Gronemann, *Jeschurun* de L. Lewin. IV, 296 ; Kaufmann. *Revue d'études juives*, XVIII, 204 ; Neubauer, ibid. IV, 188.

documents sur les *Resch galoutha* (chefs de la dispersion), comme les sources syriaques (?) l'ont renseigné sur deux de ces dignitaires.

Quand on pense à une telle activité, déployée dans de telles circonstances, on n'est pas étonné de l'accueil que Munk trouva auprès de ses anciens chefs, ou de ses collègues de la Bibliothèque, lorsqu'il manifesta tardivement le souhait d'être reçu à l'Institut, section de l'Académie des Inscriptions et belles-lettres. La plupart des académiciens le connaissaient depuis longtemps ; ils l'avaient vu à l'œuvre, et leurs voix lui étaient pour ainsi dire acquises dès l'abord. C'est ce qu'a si excellemment rappelé Adrien de Longpérier dans le discours qu'à titre de Président de cette Académie, il a prononcé sur la tombe de Munk.

Mais ce fut un véritable combat pour ses amis de le décider, lui l'excellent orientaliste, à faire aux futurs collègues, dans l'intérêt de sa candidature, des visites officielles, de même que lorsque, plus tard, la chaire d'hébreu au Collège de France devint vacante, il ne fit personnellement aucune démarche auprès du Gouvernement pour presser sa nomination, ou du moins pour l'assurer. La cécité n'était pas la seule cause de cette sorte de timidité : c'est par indépendance de caractère qu'il se tenait modestement à l'écart, au lieu de s'insinuer auprès des personnages influents. Ainsi, en 1858, le ministre de l'instruction publique apprend par hasard, et non sans étonnement, que le véritable auteur du catalogue des manuscrits hébreux de la grande Bibliothèque de France, celui qui a sacrifié sa vue à la science, pour s'être donné à elle avec passion et une ardeur de pionnier, n'était pas même décoré de l'Ordre de la Légion d'honneur : il le nomme chevalier le 13 août de cette année. Encore fallait-il que quelqu'un le signalât au ministre : ce « quelqu'un » a été le colonel Cerfbeer, président du Consistoire central. Les termes de la lettre ministérielle d'envoi de cette nomination se retrouvent dans une lettre que Munk écrit alors à sa sœur :

*Fontainebleau, le 20 août 1858.*

« Très chère sœur. — J'attends encore ta réponse à ma lettre du 8 courant ; je t'envoie pourtant ces lignes, pour te communiquer une nouvelle que tu aimeras à apprendre par moi d'abord, avant de la lire dans les feuilles publiques. Sans y compter du tout, j'ai été nommé par décret impérial chevalier de la Légion d'honneur, et je t'envoie copie de la lettre ministérielle que j'ai reçue hier :

Monsieur. — Par un décret en date du 13 août, rendu sur ma proposition, l'Empereur vous a nommé chevalier de la Légion d'honneur. Sa Majesté a voulu par cette distinction récompenser l'orientaliste distingué, à qui la science est redevable de travaux justement appréciés. Je me félicite vivement, Monsieur, d'avoir pu appeler sur vos titres la haute bienveillance de l'Empereur.

« Recevez etc.

*Le Ministre de l'instruction publique et des cultes :*

(Signé) ROULAND.

C'était la seconde distinction qui lui arrivait, tandis que moins d'un an auparavant, en 1857, il fut élu le premier comme délégué du Consistoire central par la circonscription de Lyon, nouvellement érigée en consistoire régional, fonction où il a eu pour successeur Michel Alcan, remplacé à son tour par M. Eugène Manuel.

Munk avait été sensible à cette élection, qui s'adressait à un homme n'ayant pas de titre officiel, lorsqu'il n'était encore ni décoré, ni académicien (1).

Or, malgré la sympathie de quelques amis, ce n'est pas à dire qu'il soit entré à l'Institut de France dès la première présentation. On n'entre pas là comme au moulin. A l'Académie des Inscriptions, chaque savant décédé n'est pas remplacé par un savant de la même spécialité. Ainsi, pour les années 1856-1857, après que l'historien Augustin Thierry eut été remplacé par Ernest Renan, l'hébraïsant Etienne Quatremère eut pour successeur le paléographe Léopold Delisle; tandis qu'un an après. Munk était nommé à la place d'un antiquaire, Félix Lajard. Mais, du moins, ses premières candidatures, sans être immédiatement couronnées de succès, furent aussi honorables qu'encourageantes en vue de l'avenir. Pour l'attester, il suffit de reproduire ici les deux lettres suivantes, écrites à

(1) Une société de Troyes, appelée : Société d'agriculture, arts, sciences et belles-lettres de l'Aube, l'avait nommé membre d'honneur.

ce propos. La première, du 28 novembre 1857, est d'Emile Egger :

« Monsieur. — Je me fais un plaisir de vous annoncer que l'exposition des titres qui a eu lieu aujourd'hui devant l'Académie a ramené deux fois la mention de vos importants travaux. M. Reinaud d'abord les a appréciés, à côté des travaux de M. de Slane et de M. Defrémery (1). Puis, M. Renan a signalé brièvement, mais avec beaucoup de précision, les services que vous avez rendus 1º à l'histoire des langues et des littératures sémitiques, 2º à l'histoire des grammairiens hébreux, 3º à celle de la philosophie hébraïque et arabe. Quoique nous ne soyons libres ni l'un ni l'autre de notre suffrage en votre faveur pour l'élection prochaine, M. Renan et moi nous désirons vivement que l'Académie se prépare, en vous honorant, à vous appeler un jour dans son sein. Aussi ai-je saisi avec empressement cette occasion de vous renouveler pour ma part l'expression d'une haute et affectueuse estime.

*P.-S.* — La naissance, d'ailleurs tout heureuse, d'un quatrième enfant (2), m'a empêché de vous porter, avec les remercîments que je vous dois, un petit cadeau que je vous ai promis ; mais je n'ai pas, croyez-le bien, oublié ma promesse. »

Une quinzaine de jours plus tard, après l'élection de M. Léopold Delisle, Guizot écrivait du Val-Richer le 16 décembre 1857 :

« Je n'ai pu, Monsieur, rentrer à Paris assez tôt pour prendre part aux dernières élections de

---

(1) Tous deux sont devenus membres de l'Institut plus tard, le premier en 1862, le second en 1869

(2) C'était Marthe-Emilie Egger, décédée en 1859, nous apprend M. Jules Soury, un ami intime de cette famille.

l'Académie des Inscriptions. Je l'ai regretté, et j'ai vu avec plaisir que vous aviez eu cinq voix. J'espère que ce n'est là qu'une première épreuve, et je serai fort aise, quand une nouvelle occasion s'en présentera, de contribuer un peu à vous faire rendre, à vous et à vos savants travaux, la justice qui vous est due. »

Un autre membre de la même Académie, F. C. de Saulcy, l'un des « cinq » (avec le comte Beugnot, Garcin de Tassy, et deux autres), exprime ses sentiments de sympathie pour Munk, non dans une lettre privée, mais dans un article public de biographie, paru quelques semaines après cette première candidature académique, dans le *Courrier de Paris* du mardi 16 février 1858, en ce style animé, vivant, au parler « militaire », selon l'éloge de cet académicien par M. Wallon, prononcé en 1882.

Une fois l'élection faite, Munk partage en famille la joie que ce fait lui cause, et il écrit à M^me Danziger :

*Paris, 4 décembre 1858 soir*,

« Très chère sœur. — Hier soir, vers 5 h., aussitôt après avoir appris ma nomination de Membre de l'Académie, je t'ai avisée par un télégramme à Breslau, et j'espère que cette heureuse nouvelle t'a été aussitôt communiquée. Je n'ai pas voulu me hasarder à t'envoyer une dépêche à Grünberg, situé en dehors de la ligne télégraphique. Je puis m'imaginer quelle joie et quelle sensation la nouvelle a dû susciter parmi vous. Aujourd'hui je ne peux t'adresser que

ces quelques lignes, rien de plus, car je veux
encore les expédier ce samedi soir avant le départ du courrier postal. »

Il revient sur ce sujet quelques semaines plus
tard, par une lettre plus explicite que la précédente :

« TRÈS CHÈRE SŒUR. — Tu as reçu, j'espère,
les quelques lignes par lesquelles je t'ai annoncé
directement, et un peu plus explicitement que
par voie télégraphique, ma nomination, pour
que tu la connaisses avant que les journaux te
l'annoncent. Depuis lors, les journaux ont parlé
de mon élection plus qu'abondamment. Il y a
plus de quinze jours, j'ai envoyé aussi à notre Samuel quelques détails circonstanciés, qui sont
au moins plus dignes de confiance que des récits
de journaux. C'est donc maintenant un vieux
thème, sur lequel je n'ai plus besoin de revenir.
Je veux seulement encore une fois t'exprimer
directement ma reconnaissance pour les vœux
fraternels que m'apporte ta lettre du 4 de ce
mois. La distinction dont j'ai été l'objet me devient doublement précieuse, parce qu'elle te
rend si heureuse, ainsi que tous les nôtres ; en
constatant votre joie, je suis vraiment heureux
de ce qu'après tant de pénibles épreuves, j'aie
réussi à vous procurer un si grand contente-
ment. Le 17 de ce mois, j'ai été installé, et j'ai
déjà assisté par conséquent à deux séances. Évidemment, je ne pourrai pas prendre grande part
aux travaux de l'Académie ; car, dans mon
état, mes travaux personnels m'absorbent déjà
suffisamment. Cependant, je ferai mon possible,
et peut-être même servirai-je plus que l'on
n'attend de moi, car l'Académie a seulement eu

l'intention de récompenser mes efforts antérieurs par la distinction qu'elle m'a accordée. »

En effet, lorsque Munk eut pris possession de son siège académique si bien mérité, on put, à l'occasion des diverses questions et discussions que le hasard amenait à la séance, admirer la méthode et l'étendue du savoir de Munk, la puissance et la précision étonnante de mémoire, grâce à laquelle il apportait la preuve de ce qu'il avançait, reproduisant les termes mêmes des auteurs qu'il citait. On comprit alors quels trésors d'érudition cet homme avait amassés, et comment il lui était possible, complètement aveugle, de composer des ouvrages qui paraissent exiger le secours indispensable d'yeux infatigables. C'est que sa mémoire était, pour ainsi dire, plus affinée qu'auparavant. Voici un exemple de cette merveilleuse qualité :

Le samedi matin 31 janvier 1863, section *Beschalah*, comme Louis Munk célébrait sa *Bar mitswa* (majorité religieuse) au temple israélite du rite portugais (encore situé alors rue Lamartine), l'honneur religieux de la récitation de la *Haftarah* (1), qui consistait à chanter le cantique de Deborah selon la mélodie traditionnelle, fut offert au père, qui récita par cœur ce poème intercalé dans le livre des Juges (ch. V), à l'admi-

(1) Ce détail de rituel dans la disposition des honneurs religieux, — après que le premier honneur d'appel à la *Tóra* avait été offert à Albert Cohn, — donne créance à l'hypothèse émise par un parent éloigné de la famille, que les Munk sont de la race sacerdotale des *Cohanim*.

ration muette de toute l'assistance. Le soir, durant la réunion dansante donnée pour cette circonstance à quelques amis, tandis que la fille
aînée de la maison conduisait pour la première
fois un cotillon, le cavalier de M^{lle} Alice Munk
admirait la grâce native de la jeune fille, en
même temps qu'il entendait rappeler par un
invité la mémoire extraordinaire du père à l'of-
fice du matin.


## V


En 1859, Munk termine la publication de ses
*Mélanges de philosophie* par l'impression d'un second fascicule. En 1861, il fait paraître le t. II,
et en 1865 le t. III de son *Guide des Égarés*. A ce
propos, le lecteur nous permettra de citer ici
les propres paroles de Munk, qui prophétisent
en quelque sorte, dès lors, la carrière magistrale
de M. le grand rabbin Zadoc Kahn.

« La table des matières surtout, dit notre écrivain (1), était un travail assez long et difficile
que mon infirmité rendait impossible, et pour
lequel j'avais besoin de l'assistance d'un homme
instruit, capable de bien comprendre les différentes matières et de les résumer avec intelligence. Un jeune rabbin, M Zadoc Kahn, un des
élèves les plus distingués, sortis du séminaire
israélite de Paris et qui donne au rabbinat fran-

(1) Tome III, *Préface*, p. XI.

çais les plus belles espérances, a bien voulu me
prêter son précieux concours. Il a rédigé seul
le travail des tables ; je n'ai eu qu'à les relire
avec lui, et à proposer çà et là quelques modifi-
tions, additions ou retranchements. Le lecteur
reconnaîtra, j'espère, que M. Z. Kahn s'est très
consciencieusement acquitté de sa tâche, et je
dois lui exprimer ici ma sincère reconnaissance.»

La même *Préface* dit ensuite : « Quelques amis
dont j'ai parlé précédemment ont continué à
m'aider dans la correction des épreuves et dans
la collation du texte avec la version hébraïque
d'Ibn-Tibbon. Je dois surtout faire ressortir les
éminents services que m'a rendus mon secrétaire M. Moïse Schwab, qui m'a assisté dans ce
long et pénible travail avec une patience au-dessus de tout éloge et m'a prêté le concours le
plus intelligent pour la publication des tomes
II et III. C'est lui qui, en m'épelant les épreuves
du texte arabe, m'a mis à même de publier ce
texte plus correctement que ma situation ne pa-
raissait le comporter ; c'est lui qui a écrit sous
ma dictée la traduction et les notes de ces deux
volumes, qui a fait d'après mes indications les
recherches nécessaires pour les notes, et qui m'a
lu les nombreux passages des auteurs de toutes
sortes dans lesquels je devais chercher des
éclaircissements, ou dont j'avais à faire des cita-
tions. Par son dévouement, il a acquis les titres
les plus incontestables à ma reconnaissance et
à celle des hommes de science qui s'intéressent
à cette publication. »

Alors seulement, Maïmonide devient accessible aux non-hébraïsants, abstraction faite des
traductions latines, l'une faite au moyen-âge,
l'autre par Buxtorf, outre la version espagnole

qui remonte au premier tiers du XV<sup>e</sup> siècle et
une version italienne de l'an 1581 ou 1583 : elles
ont le tort de n'être pas faites sur l'original
arabe. Notre siècle a vu le *Guide* le plus souvent
traduit (1), savoir : en allemand, t. III seul, par
S. Scheyer (Francfort s. M., 1838, in-8°), puis t. I,
par Fürstenthal (Krotoschin, 1839), t. II, par
E. Stern (1864) ; en italien, par David Jac. Ma-
roni (Livourne, 1870-1876) ; en anglais, par M.
Friedländer (Londres, 1881-1885 ; enfin en hon-
grois, par Mor. Klein (Budapest, 1878-1890 .

Un assez long espace de temps s'est écoulé
entre la publication du tome II du *Moré*, paru
en 1861, et celle du tome III paru en 1866. Notre
orientaliste le reconnaît lui-même dans la *Préface* à ce dernier volume, en rejetant la cause sur
« d'autres travaux ». Cette excuse, un peu vague
pour le lecteur, a besoin d'être étayée par des
faits. Or, le rôle de notre académicien à chaque
séance hebdomadaire était loin d'être aussi modeste, ou aussi effacé qu'on aurait pu le supposer
de prime abord, en raison de sa cécité. Malgré cette
infirmité, Munk est à chaque instant appelé à
donner son avis dans les Commissions littéraires,
à prononcer un jugement dans les concours, à
dresser des rapports sur les Mémoires lus à l'Académie par des savants étrangers et destinés à l'impression. C'est ainsi que nous avons sous les yeux
le rapport (inédit comme tant d'autres), signé

___

(1) D. Kaufmann, *D. Führer Maimunis in der Weltlitteratur* ;
Julien Weill, *Revue des Etudes juives*, XXXIX, 155-9.

par Munk, concluant à insérer dans le *Recueil de l'Académie*, le mémoire de M. le marquis Melchior de Vogüe, intitulé : *Sur une nouvelle inscription phénicienne trouvée à Sidon*. « Le savant auteur a trouvé moyen, dit le rapporteur, de rattacher à ce texte mutilé et de peu d'étendue un assez grand nombre d'observations philologiques et historiques très instructives. Il a fait tout ce qu'il était possible de faire pour l'interprétation de ce monument, et les doutes qui restent encore sur quelques points ne sauraient être éclaircis dans l'état imparfait où se trouvent nos connaissances de l'antiquité phénicienne. Je me permettrai de présenter quelques observations de détail que la Commission des travaux littéraires pourra, si elle le juge convenable, communiquer à M. de Vogüe. »

Suivent des considérations fort intéressantes sur le nom de mois Tamouz, puis sur le nom propre 'Abd'astoret, ou en phénicien de décadence Bodaschtoret, sur le nom Arétas, sur la plaine de Saron, etc.

Au mois de mai 1862, il discute devant l'Académie les inscriptions phéniciennes découvertes par Renan à Oum al Awâmid.

D'autres fois, Munk accepte la charge, de présenter à l'Académie, de la part des auteurs respectifs, les publications qui se rattachent de près ou de loin à ses études et à ses propres travaux. Il se fait alors lire consciencieusement le volume en question, qu'un clairvoyant se contenterait de feuilleter ; il l'examine en critique et dicte son appréciation, comme on le voit, par exemple, par le compte-rendu du *Dictionnaire néo-hébreu et rabbinique* de Jacob Lévy (1). Une autre fois encore, un collègue de l'Institut demande des éclaircissements sur des points douteux, à Munk, qui saura mieux que personne trancher les difficultés de linguistique, ou de théologie, ou de philosophie.

Un jour, F. Guizot le prie de lui expliquer une question d'exégèse biblique, en vue de ses *Méditations sur la religion chrétienne*. Après être venu s'asseoir à côté de lui, en séance de l'Académie, il adresse à Munk, le 3 janvier 1864, la lettre suivante :

« Voici, Monsieur et cher confrère, la question ou les questions sur lesquelles vous avez bien voulu me promettre de me donner quelques détails précis : 1° Quels sont, dans le recueil des livres qui composent la *Bible*, les écrivains dont le style offre le plus d'incorrections ? Je ne dis pas des défauts d'élégance dans le langage, mais des fautes de langue, des incorrections grammaticales ? 2° Existe-t-il des incorrections de ce genre dans les plus anciens livres de la *Bible*, notamment dans le Pentateuque ? 3° A quelles époques de l'histoire des Juifs appartiennent les ouvrages dans lesquels se rencontrent ces fautes de langue, ces incorrections grammaticales ?

J'espère que vous n'aurez pas trop de peine à prendre pour répondre à mes questions, et je vous en remercie d'avance en vous offrant... »

_____________

(1) *Archives isr.*, 1867, p. 1128-30.

Munk lui répond par une petite dissertation, qui, n'étant guère connue, mériterait d'être reproduite ; voici au moins le commencement :

« Les auteurs bibliques, dit-il, dont le style offre le plus d'incorrections sont Ezéchiel et Jérémie. Ces auteurs, surtout le premier, pêchent souvent contre la grammaire et l'orthographe ; non seulement, ils se laissent influencer par le dialecte araméen, mais encore ils ont un certain nombre de fautes grammaticales qu'on ne peut ramener à aucun des dialectes sémitiques. Cette remarque a déjà été faite par les grammairiens hébreux du moyen-âge, et Isaac Abrabanel vers la fin du XV° siècle, dans la Préface à son commentaire d'Ezéchiel, n'hésite pas à déclarer que ce prophète était peu versé dans la grammaire et l'orthographe hébraïques. Cependant, ni Jérémie, ni Ezéchiel, dont chacun a une certaine originalité de style qui le distingue de tous les autres écrivains hébreux, ne manquent d'élégance, d'énergie, de hardiesse dans les images, et ils possèdent au plus haut degré l'art d'écrire. »

Suivent deux séries d'exemples des graves fautes grammaticales, relevées dans les deux livres précités ; 1° Incorrections dans Ezéchiel : IV, 9 ; VIII, 16 ; XI, 8 ; XVI, 31 ; XXIII, 44 ; XXVI, IX ; XXXI, 5 ; XL, 26 XLVI, 7 ; 2° Incorrections dans Jérémie : III, 22 ; XIII, 19 ; XXVI, 9 ; XLVI, 8, outre quelques syriacismes. Chaque faute est discutée, texte à l'appui. puis corrigée.

A peine Munk eût-il terminé cette réponse, peu importante pour un hébraïsant, mais qui, dans son état, exigeait du temps et les yeux d'autrui, que dès le mois suivant, l'ancien Ministre lui adressa de nouvelles questions du même genre :

« Mille remerciments, Monsieur et cher Confrère ; vos réponses satisfont pleinement à mes questions. Je vous dirai à l'Académie dans quel but spécial je vous les avais adressées. Mais voici une autre indiscrétion. J'ai recours à vous sur le sens précis de deux versets du livre des *Nombres* de Moïse (chap. XXIII, vers 21 et 23), dans la conversation de Balaam avec Balak. Ces deux versets sont ainsi traduits dans notre version française d'Osterwald : « Il (Jehovah) n'a
« point aperçu d'iniquité en Jacob, et il n'a point
« vu de perversité en Israël ; l'Eternel, son Dieu,
« est avec lui, et on y entend un chant royal de
« triomphe. Car il n'y a point d'enchantement
« contre Jacob, et les devins ne peuvent rien
« contre Israel. On dira en son temps de Jacob et
« d'Israël : qu'est-ce que le Dieu fort a fait ? »

« La version anglaise (1611) est conforme à la version française. La version allemande du vers 23 dit au contraire « Nicht Zeichendeu-
« tung ist in Jacob und nicht Wahrsagung in
« Israel. Zur Zeit wird gesprochen zu Jacob und
« zu Israel was Gott thut. » Vous voyez que le sens est tout différent. J'ai recours aux Septante et à la Vulgate. Ils sont beaucoup plus près de la version allemande que des versions française et anglaise, mais avec quelque ambiguité. Donnez-moi, je vous prie, la traduction littérale et claire du texte hébreu. Vous êtes, en France, l'homme à qui on peut la demander avec le plus de confiance. Ne me trouvez pas trop indiscret, et recevez, avec mes remercîments... »

Après cette lettre du 10 février 1864, Guizot écrit le 14 février :

« Je vous renouvelle mes remercîments et mes indiscrétions. Vous avez levé mes doutes sur le sens des deux versets des *Nombres*. Mais voici une question plus importante sur laquelle j'ai encore recours à votre science. Dieu est désigné dans la Bible sous deux noms, tantôt *Elohim*, tantôt *Jehovah*. Quelle est la différence essentielle entre ces deux noms, la différence de sens, soit d'après l'étymologie, soit d'après l'usage dans la langue hébraïque ? Je trouve dans les ouvrages des savants beaucoup de diversités et de discussions à ce sujet. C'est de votre propre science et de votre propre avis que j'ai besoin. J'ai consulté Hengstenberg, Delitzsch, Kurtz, Ewald, etc. C'est à vous que je demande le dernier mot. Ne me trouvez pas trop indiscret, et croyez à mes sentiments les plus distingués. »

Peu de temps après, le 4 mai, F. Guizot écrit du **Val-Richer** :

» Mon cher confrère, voici la question que je viens ajouter à celles que je vous ai déjà adressées et auxquelles vous avez bien voulu répondre. Quel est le sens précis des mots *El Schaddaï* et *Adonaï*, employés souvent pour désigner Dieu ? Je trouve que *El Schaddaï* correspond à peu près à *Eloah* et désigne aussi la *force*, le *pouvoir créateur*. C'est dans ce sens qu'il est employé dans le chap. VI de l'*Exode*, vˢ 2. *Adonai* signifie-t-il exactement le *Maître*, le *Seigneur*, comme le traduisent la *Vulgate* et la version anglaise ? Soyez assez bon pour me donner une solution précise. Je vous en remercie d'avance... »

Une autre lettre du même, datée du 7 juin suivant, revient sur les incorrections dans Ezéchiel et Jérémie, priant Munk de joindre la transcription, en caractères français, des mots hébreux cités, et un mot en date du 13 du même mois lui demande de revoir l'épreuve des textes hébreux, d'accord avec l'éditeur Michel Lévy.

Enfin, le 8 juillet suivant, Guizot revient encore sur cette question :

« Voici, j'espère, mon dernier recours à votre obligeance. Le traducteur anglais de mes *Méditations sur la religion chrétienne* (un savant *fellow* de l'Université de Cambridge) m'écrit qu'il n'a pas pu retrouver dans la Bible anglaise les 2<sup>e</sup>, 4<sup>e</sup> et 7<sup>e</sup> passages d'Ezéchiel, dans lesquels vous signalez des incorrections. Vous renvoyez pour ces passages, aux chap. XI, v. 8 ; XL, v. 26, et XXXI, v. 5 d'Ezéchiel. J'ai à peu près retrouvé, dans la version française d'Osterwald les renvois au chap. XL, v. 26 (en prenant 7 *degrés* pour 7 *holocaustes*), et chap. XXXI, v. 5. Mais je ne retrouve rien qui ressemble dans le chap. XI, v. 8, au passage que vous indiquez par votre renvoi. Veuillez, je vous prie, lever cette petite difficulté et me mettre en mesure de la lever pour mon traducteur anglais, qui est attentif et scrupuleux. Mon volume paraîtra à la fin de la semaine prochaine. Vous le recevrez aussitôt, et vous n'entendrez plus parler que de mes remercîments.

« Croyez, je vous prie, à mes sentiments les plus distingués. »

Passons sur d'autres sollicitations ou requêtes littéraires adressées à Munk, heureux lorsqu'elles se réduisaient à des hommages poétiques : tel est un *Salut du nouvel an*, en trois sixains (inédit), écrit par Moïse Letteris, daté de Munich, 8 septembre 1863.

Le 2 février (1863), M. de Longpérier écrit à Munk pour lui demander d'expliquer la courte inscription tracée sur un sarcophage rapporté de Jérusalem par M. de Saulcy. Cette inscription se compose des deux mots *Ceda* (ou Çarah) *Malketa*, « la Reine Tsada, ou même Tsadan », écrit quatre fois, savoir : deux fois en caractères syriaques *estranghelo*, avec variantes d'orthographe, et deux fois en caractères carrés.

Mais voici que la carrière littéraire de Munk, lorsqu'il a déjà atteint l'âge de soixante ans, va s'élargir encore davantage.

Lorsque des troubles survenus à la suite de l'apparition de son livre la *Vie de Jésus* eurent empêché Renan de faire son cours d'hébreu au Collège de France, Munk fut appelé, en décembre 1864, à le remplacer dans cette chaire, la plus ancienne de cette haute institution.

Un arrêté ministériel de Victor Duruy avait suspendu le cours d'hébreu professé par Renan, se fondant sur ce que le professeur, dès sa leçon d'ouverture, avait insinué ses opinions sur la personnalité de Jésus. Au bout de deux ans, le ministre pense qu'il serait inopportun de rappeler Renan au Collège de France. Comme l'a dit M. A. Garcin dans la *France* du 5 juin 1864, faut-il que le cours d'hébreu demeure éternellement suspendu, et que ceux de nos compa-

triotes qui veulent acquérir une connaissance
approfondie de la littérature hébraïque soient
obligés de l'aller chercher dans les Universités
allemandes ? L'enseignement public ne doit
blesser aucune croyance, et la raison en est
bien simple : c'est que si le professeur, chargé,
non pas de discuter sur les dogmes, mais d'exposer les résultats de la science, sape telle ou
telle religion, à l'instant même les adhérents
de cette religion sont comme exclus. Par conséquent, Duruy, persuadé que les raisons qui ont
fait suspendre le cours de Renan n'ont rien
perdu de leur force, et ne voulant pas laisser
plus longtemps vacante une chaire aussi importante que celle de langue et de littérature hébraïque, a pensé qu'il convenait de rendre
Renan à la Bibliothèque alors impériale, d'où
il avait été promu au Collège de France, et il
lui confie dans cet établissement les fonctions
de conservateur sous-directeur du département
des manuscrits, aux termes d'un décret impérial du 1er juin 1864.

Renan n'a pas accepté la position à laquelle
il avait été appelé par le Ministre. Il proteste,
dans une lettre du lendemain 2 juin, rendue
publique, contre la mesure dont il est l'objet ;
il entend conserver son titre de professeur, et
quant au traitement affecté à la chaire qu'il
n'occupe que nominativement, il y renonce, en
répondant à Duruy, comme saint Pierre à Ananie
et Saphire : *pecunia tua tecum sit*. Bref, cinq ou
six mois plus tard , cette chaire est déclarée
vacante. Après un exposé des titres fait au Collège de France, les professeurs à l'unanimité de
leurs voix, ainsi que toute l'Académie des Inscriptions et belles-lettres, proposèrent S. Munk
au choix du gouvernement, qui le nomma à

cette fonction par Décret impérial du 24 décembre 1864.

Munk ouvrit son cours le 1er février 1865, devant une grande affluence d'auditeurs, aussi curieux que sympathiques. Cette première leçon a été publiée séparément, après avoir été recueillie séance tenance par la *Revue politique et littéraire* du jour, sous la plume de M. Isaïe Levaillant ; c'était son début de journaliste. On possède également la première leçon faite par Munk en 1866 sous le titre de : *Littérature araméenne*, publiée dans la *Revue orientale et américaine*, et reproduite par d'autres périodiques.

Sur la succession qui lui échoit ainsi, dans des conditions assez rares sinon uniques, le professeur lui-même s'explique publiquement sans réticence, dès l'exorde de sa leçon d'ouverture. Après un hommage à la mémoire d'Etienne Quatremère, Munk dit :

« Je sais aussi que de vifs et sincères regrets ont accompagné dans sa retraite le savant éminent que je suis appelé à remplacer dans cette chaire, où son érudition, son talent, sa jeunesse semblaient lui promettre un long et brillant avenir. Je m'associe à ces regrets, et je déplore autant que qui que ce soit, la fatalité impérieuse des circonstances qui sont venues interrompre le cours de ses leçons dès leur début. »

Le public avait été frappé, vivement impressionné, à l'apparition de cet aveugle montant en chaire, et un biographe dit de lui qu'il faisait « écrire par un assistant les textes qu'il expliquait et qu'il citait avec la plus sévère exactitude. » Ainsi raconté par M. Dugat, ce détail repose, d'une façon erronée, sur la foi d'un renseignement donné par on ne sait qui. C'est notre devoir, pour rester fidèle à la vérité, de réclamer contre cette mise en scène fantaisiste, et de rectifier cette légère erreur. La mémoire de Munk était bien trop grande pour avoir besoin de recourir à ces procédés habituels, on peut même dire procédés communs. Son secrétaire se souvient avoir une seule fois fait au maitre la surprise d'écrire sur le tableau quelques mots phéniciens, qui avaient rapport à la leçon du jour. Ce détail est, du reste, de peu d'importance.

L'esprit qui animait ces conférences nous intéresse davantage. Ici, se montrent les qualités de Munk avec une certaine originalité, où se révèlent conjointement deux aspects théologiques, plutôt qu'un mélange de foi et de rationalisme réunis en lui. Quelques-uns de ses amis intimes s'étonnaient de son manque de hardiesse en cette occasion : ils lui signalaient cette inconséquence au premier chef entre ses théories et ses actes. Pour cette ligne de conduite qui est une sorte de concession faite aux théories extrêmes, on ne peut le blâmer, pour peu que l'on apprécie la cause qui l'a guidé. Il sentait bien quels ménagements il devait prendre, comme juif, dans une chaire d'hébreu.

Si ses commentaires d'exégèse biblique n'avaient pas été pleins de tact, ils auraient pu blesser les susceptibilités religieuses de son auditoire.

Cette difficulté une fois vaincue, le succès du cours était assuré. Aussi, était-ce un spectacle inoubliable : des chrétiens, voire des ecclésiastiques qui n'auraient pas cru devoir suivre les leçons de Renan, se pressaient avec zèle aux leçons de Munk ; car on avait pu voire dès le début, que ses attaches au Judaïsme n'entachaient en rien l'impartialité de ses appréciations ou interprétations : « Chacun peut expliquer les récits bibliques à sa façon, de même que nos anciens usages et nos rabbins mettent le sens allégorique à côté du sens littéral et établissent la différence entre le *Drousch* et le *Pschat* ».

Dès sa leçon d'ouverture, le professeur avait eu soin de définir franchement son rôle à cet égard (1).

« L'objet du cours, son nom le dit, c'est un cours de langues hébraïque, chaldaïque et syriaque, par conséquent un simple cours de grammaire, consacré pour ainsi dire à l'enseignement matériel de ces langues, abstraction faite du parti que voudront en tirer les auditeurs pour leurs études respectives, soit sacrées, soit profanes. Est-ce à dire que, strictement renfermé dans les limites de ce programme, je m'abstiendrai de toute espèce d'exégèse, que je m'interdirai toute explication, relative par exemple à la

(1) Revue des cours littéraires, n° du 18 février 1865, ou t. II. p. 184-190 ; du Monothéisme juif.

5*

grammaire comparée, à la géographie, à l'histoire, à l'archéologie ? Telle n'est pas, telle ne peut point être mon intention. Les documents que nous aurons à expliquer présentent souvent des difficultés que la seule analyse grammaticale n'est pas capable de résoudre et pour lesquels il faudra bien chercher ailleurs des éclaircissements. D'un autre côté. la haute antiquité de ces documents les rend propres parfois à jeter un éclair de lumière sur l'histoire des peuples anciens qui environnaient le théâtre de la Bible et qui ne nous ont laissé aucun monument écrit. Sous ces deux rapports donc. une foule d'observations utiles et intéressantes se présenteront à l'esprit de l'interprète.

« Un seul genre d'exégèse sera absolument exclu de nos leçons : c'est l'exégèse dogmatique ou théologique. Les plus illustres docteurs de l'Eglise et de la synagogue s'accordent à reconnaître que certains passages de l'Ecriture, certains discours des prophètes ont un double sens : un sens simple, historique, rationnel, et un sens allégorique, typique ou dogmatique. Il y a par conséquent deux espèces d'exégèse, l'une basée sur la raison et sur les études philologiques et historiques, l'autre basée sur la foi et sur une antique tradition. Les deux exégèses courent parallèlement ensemble, sans se toucher ni s'exclure l'une l'autre.

« Saint Jérôme, par exemple, dans son commentaire sur le prophète Osée, en expliquant ces mots du 11⁰ chapitre : « Et de l'Egypte j'ai appelé mon fils », dit expressément qu'on attribuerait à l'Evangéliste une absurdité (ou, comme il s'exprime, *Stultitiam et imperitiam*), en soutenant que. selon lui, le prophète n'a eu en vue que le sens typique. Il est évident, au contraire, dit saint Jérôme, que le prophète a voulu parler du grand événement historique de la sortie d'Egypte ; mais, à côté de cela, il a donné à ses paroles un sens typique ou messianique. Saint Thomas, dans sa *Somme de théologie*, là où il parle du paradis terrestre, dit en thèse générale : « In omnibus quæ Scriptura per hunc modum (narrationis historicæ) tradit, est pro fundamendo tenenda veritas historiæ ; desuper expositiones spirituales fabricandæ. »

« Les docteurs de la Synagogue sont encore plus explicites. L'Ecriture, disent-ils, peut s'interpréter de 70 manières. (c'est-à dire, de beaucoup de manières, comme on dirait en latin : *sexcentis modis*). Mais, ajoutent-ils, jamais le texte sacré ne peut se dépouiller de son sens simple et littéral. Ailleurs, ils disent que le sens simple *(peschat)* est une chose à part, et le dogme une chose à part. En effet, les prophètes étaient des orateurs populaires, qui parlaient au peuple sur la place publique. Il fallait donc que leurs discours eussent avant tout un sens intelligible pour leur auditoire, et que leurs paroles pussent s'appliquer aux circonstances de temps et de lieu ; mais en même temps ils faisaient des allusions à certains dogmes ou à certains événements futurs, que leurs contemporains n'étaient pas encore capables de comprendre.

« Ici, dans cette chaire uniquement consacrée aux études philologiques et historiques, nous n'aurons à nous occuper que du sens simple et historique. L'exégèse dogmatique doit être entièrement abandonnée aux chaires de théologie et d'Ecriture sainte, établies pour les différentes communions religieuses. La foi traditionnelle appartient au for intérieur ; elle est, en quelque sorte, une révélation individuelle, criterium de la vérité aussi bien que la raison, mais criterium purement subjectif. Chaque croyant admet la tradition dans laquelle il a été élevé, mais il doit respecter toutes les autres. A Dieu ne plaise que je veuille jamais y porter la moindre atteinte ! mais je ne voudrais pas non plus que mon silence même pût être considéré comme une attaque indirecte et tacite contre des traditions dont j'accepte les unes, et dont les autres seront toujours pour moi l'objet d'un pieux respect. »

Les journaux les plus catholiques tels que l'*Union* du 7 février 1865, se déclarent satisfaits du cours d'hébreu, approuvant la réserve de ce langage et de cette méthode.

De même, en revenant sur ce sujet au jour des obsèques de notre orientaliste, Adolphe Franck, alors vice-président du Consistoire central, s'est exprimé ainsi sur les théories religieuses de Munk et sur son mode d'exposition :

« ... Toute cette science, à quelques exceptions près, est purement israélite ; elle se rapporte à la langue, à l'histoire, à la littérature, à la philosophie et à la religion de nos pères. Elle continue à dissiper une foule d'erreurs accréditées sur ces graves matières ; elle a pour effet de montrer, dans toute son étendue, la place que tient notre race dans l'œuvre générale de la civilisation... Membre de toutes les commissions dont les travaux réclament une véritable connaissance de la langue et de la théologie hébraïque, Munk apportait à nos délibérations générales un esprit qui lui était personnel. Partisan de la plus complète liberté en matière de critique religieuse, ne reconnaissant que la lumière de la raison, la lumière qui résulte de la philologie ou de l'histoire, dans l'interprétation des textes bibliques, il se montrait d'une extrême timidité dans la voie des réformes. C'est qu'en véritable archéologue qu'il était, tout ce qui portait le cachet de l'antiquité lui était cher. Il y voyait comme une ruine vénérable,

bonne à conserver parmi les monuments historiques. Peut-être aussi pensait-il que les réformes, même les plus innocentes, en matière
religieuse, doivent venir de la foi elle-même, à
laquelle il faut laisser le soin de s'éclairer de sa
propre lumière et d'avancer de son propre mouvement. Je ne juge point cette manière de voir :
je me borne à l'exposer. »

Et n'est-ce pas avec le même sentiment dans
la profession de foi religieuse que, le même
jour, Adrien de Longpérier concluait son oraison funèbre par le passage suivant :

« C'est au sujet des philologues qui, comme
Munk, après avoir appris les langues de toutes
les races, conquis par l'étude l'histoire des
peuples dans tous ses détails, pesé tous les résultats obtenus par la critique ancienne et moderne, qui, dis-je, ont puisé dans le labeur
même un. plus grand attachement pour leurs
croyances et pour les vertus qu'elles leur im-
posent, qu'on peut rappeler avec justice ces paroles de l'Ecriture (Ps. CV, 44-45) :

« Il leur donna le pays des nations,
« Ils prirent possession des travaux des peuples ;
« Afin qu'ils observassent ses lois,
« Et qu'ils gardassent ses doctrines. »

On le voit, tout un monde est remué à propos de cette inauguration d'un cours d'hébreu,
commencé dans des conditions un peu délicates.
Les pages de Munk ainsi nées ont d'autant plus
de saveur, et leur rédaction plaît non moins
par la forme que par le fond.

Ce qui fait le charme de cette Leçon d'ouverture, c'est son tour non seulement instructif et même scientifique, mais encore enjoué et attrayant, comme doit l'être une conférence. A cet égard, on peut s'en rapporter au jugement du critique Franck, qui s'est montré parfois sévère.

Le 3 mars 1865, Ad. Franck écrit à Munk, désormais son triple collègue :

« J'ai lu avec un extrême plaisir votre discours d'ouverture au Collège de France. Cette leçon est un véritable modèle du genre, plein de faits rares et intéressants, d'une logique irréfutable, d'un style à la fois familier et distingué, naturel comme la conversation. J'en avais déjà pris connaissance dans la *Revue des cours publics*; mais je suis heureux de la tenir de votre amitié. Je suis plus heureux encore d'avoir vu toutes mes craintes pour vous démenties par l'expérience. »

Les « craintes » auxquelles cette lettre fait allusion, avaient pour objet, — si nous ne faisons erreur, — la possibilité d'une manifestation de quelques étudiants, plutôt bruyants qu'hostiles au nouveau professeur, lors de l'ouverture du cours : l'administration du Collège de France avait cru devoir prendre quelques mesures d'ordre. Elles furent inutiles : tout resta calme.

Enfin, V. Cousin écrit de Cannes, le 3 janvier 1865 (1), à Munk :

---

(1) L'indication d'année manque à cette dernière lettre ; mais son contenu permet de restituer la date.

« Je suis bien sensible à votre souvenir. Oui, je m'honore d'avoir pris l'initiative de votre nomination à la chaire de la langue et de la littérature hébraïque au Collège de France ; car je ne connais personne qui convienne mieux que vous à cette chair importante, non seulement par votre profond savoir, mais aussi par votre excellent esprit qui vous fera éviter aisément des écueils qu'on ne rencontre que lorsqu'on les cherche. Votre nomination fait honneur à Monsieur le Ministre, et j'ose dire aussi à l'Empereur, dont elle atteste le judicieux libéralisme. Si j'étais plus jeune, je me ferais votre disciple, car je suis bien curieux de mieux connaître votre grande philosophie, surtout votre philosophie hétérodoxe, à laquelle, d'après les courtes notices que vous en avez données, je suis convaincu que Spinoza doit beaucoup en bien et en mal. J'espère que notre ami M. Franck jettera de précieuses lumières sur ce point qui intéresse si fort l'histoire de la philosophie. Rappelez-moi, s'il vous plaît, à son souvenir, et croyez-moi bien, cher et savant confrère, votre tout dévoué et affectionné. »

Comme cela s'est passé dans toutes les circonstances importantes de la vie de Munk, il s'est plu à s'entretenir avec sa sœur de ses nouvelles fonctions et des publications dont elles ont été l'objet. On possède ses impressions personnelles à ce sujet, données dans l'intimité, et l'on est heureux de pouvoir les lire après un si long espace de temps ; cette lettre du 24 février 1865 est le dernier document connu de sa correspondance familiale :

« Très chère sœur. — Ta lettre du 3 février, qui répond si ponctuellement à mes lignes du 1ᵉʳ, me laisse voir quelle vive part tu prends à ma nouvelle situation et avec quelle impatience tu as attendu ma première leçon. Depuis lors, Samuel t'a aussi communiqué la relation faite par le Dr Schweizer (1), un des assistants ; je puis également, d'après tout ce que j'ai entendu te confirmer le succès obtenu. Toute la lecture a paru il y a quelques jours dans une revue, et le Dr Schweizer m'a dit avoir envoyé à Breslau un exemplaire de cette livraison. Je me suis dispensé de te l'adresser, parce que d'ici à quelques jours je recevrai le tirage à part, dont j'enverrai quelques exemplaires à Berlin et à Breslau. Depuis cette première conférence, j'en ai fait six autres, et bien que peu à peu mes leçons soient devenues bien spéciales, elles ont continué à être très suivies et fréquentées par beaucoup de monde. Il y a eu parfois de 80 à 90 auditeurs et auditrices ; j'attribue évidemment cette affluence à la curiosité que suscite le successeur du *grand homme.* Je ne puis pas me flatter de gagner un aussi grand public à l'étude des langues orientales, et ce sera beau si au bout de quelque temps, une fois la curiosité satisfaite, je puis compter sur 10 ou 15 auditeurs assidus. En Allemagne, d'après ce que j'apprends, ma nomination a causé une grande sensation, surtout parmi les juifs. Il y a quelques jours, le Dr Jellinek, prédicateur à Vienne, m'a envoyé une conférence qu'il a faite sur moi le 21 janvier et qui a été imprimée. Naturellement, j'ai exprimé au Dr Jellinek mes chaleureux re-

(1) Un compatriote de Munk, médecin à Paris, plus tard connu comme Moliériste.

mercîments ; mais je dois reconnaître que j'éprouve une certaine pudeur pour la publicité ; de telles descriptions de ma personne me sont presque désagréables, quelque sérieuse que soit la pensée qui les a dictées et si digne que soit la forme de l'exposé. A toi, cette conférence plaira certainement ; elle est intitulée : « Salomon Munk, professeur au Collège de France, allocution par le D<sup>r</sup> Adolf Jellinek » (Vienne, librairie Herzfeld et Bauer). Je n'ai reçu qu'un exemplaire ; mais Louis pourra aisément se procurer la brochure à Berlin ».

Ce n'est pas le seul exposé de ce genre, donné au public en l'honneur de notre orientaliste. Au commencement de 1865, un médecin de Glogau, le D<sup>r</sup> S. Meyer (1), fait une assez longue conférence sur la vie et les œuvres de S. Munk, devant la société scientifique de cette ville. On aimera à lire non sans émotion la lettre suivante, adressée à ce propos au conférencier, le 10 juillet suivant, par Munk :

« Recevez donc aujourd'hui mes remercîments très tardifs pour l'honneur que vous m'avez fait dans ma ville natale et pour avoir bien voulu vous souvenir d'un compatriote à peine encore connu chez vous ; vous avez bien voulu le présenter à votre société, où certainement très peu de personnes connaissent son nom. J'ai été profondément touché, après de si longues années, d'apparaître de nouveau sur le sol natal comme une ombre depuis longtemps

_______________

(1) Un homonyme du neveu de Munk.

disparue, ce sol dont je me souviens toujours
avec un véritable attachement, où depuis longtemps, comme vous le dites, la maison paternelle est tombée en ruines, où le monde avec
lequel j'ai vécu a presque entièrement disparu,
où seulement un petit nombre des gens de mon
âge ont peut-être de moi un souvenir vague.
Vos paroles ont fait surgir en moi un monde
de souvenirs, mélange d'amour et de chagrins ;
de tous ceux qui m'ont été chers dans cette ville,
il n'en subsiste que fort peu, et les lieux où ils
ont séjourné sont dévastés. Je ne trouve là-bas
que de chères tombes, et encore, d'après ce que
j'apprends avec peine, celles-ci depuis plusieurs
années ne sont plus situées à leur place primitive. Parmi les ombres que je vois passer devant
mes yeux se trouvent aussi les ombres de vos
parents, et celle de votre frère, fauché dans la
fleur de la jeunesse, dons je me souviens très
vivement. Vous-même, appartenant à une génération plus jeune, vous m'êtes, il est vrai,
personnellement inconnu ; pourtant, je vous
connaissais déjà par les récits de mon neveu le
D' Meyer, qui m'a rendu visite ici pendant
l'automne de l'an 1863 ; avec lui j'ai passé en
revue les habitants de la ville natale, anciens et nouveaux Dans ces commémorations,
il y a pour moi un charme indéfinissable, et
elles ont pour moi une valeur bien supérieure
aux éloges par lesquels vous tentez de m'exal-
ter dans une société à laquelle le vieux compatriote, même le juif est peut-être indifférent, comme vous y avez vous-même fait allusion à la fin de votre discours, par quelques
mots. Je suis moins fier du vain éclat de ma
dignité actuelle, que je l'étais jadis du succès
remporté dans ma prime jeunesse, à la syna-

gogue alors vivante de la Société *Malbisché Arou-mim*, où j'exerçais les fonctions de lecteur de la Loi et me chargeais parfois, en amateur, du rôle d'officiant. La science, il est vrai, était étrangère à cette association, aussi bien qu'à moi ; mais c'était une assemblée cordiale, où je me sentais à l'aise. Peut-être la Providence m'accordera-t-elle un jour le bonheur de fouler de nouveau le sol où s'est passée ma jeunesse, et d'avoir ainsi la joie de faire votre connaissance personnelle. »

En même temps, la communauté israélite de Szegédin, sur la proposition de son grand rabbin Léopold Löw, donnait à Munk le titre de membre d'honneur le 12 mars 1865.

Sa pensée se reportait parfois aussi sur d'autres travaux, laissés en suspens. Au printemps de 1866, après un an et demi d'études sémitiques à Gœttingue sous Ewald, et un semestre d'hiver passé à Leipzig sous la direction de Fleischer, fortement nourri d'arabe à la meilleure école, M. Hartwig Derenbourg revient à Paris. Munk lui demande de venir lui faire diverses lectures, et M. Derenbourg devient ainsi l'un de ses secrétaires bénévoles, en général de deux heures à cinq de l'après-midi, toute la matinée jusqu'à une heure étant consacrée aux travaux en préparation. Est-il nécessaire de dire que ces deux savants causaient autant ensemble qu'ils lisaient ?

Le jeune arabisant parisien, fraîchement émoulu de l'Université allemande, puisait avec

avidité à cette source abondante d'érudition, que
le maître laissait couler sans compter, pendant
qu'il s'épanchait avec son lecteur sur leurs
études communes : sur l'arabe, l'hébreu, l'himyarite, auquel il initiait le futur professeur
des langues orientales et collaborateur du *Corpus
inscriptionum semiticarum* comme auxiliaire de
l'Institut, poussant leurs causeries de grammaire comparée jusqu'au sanscrit, dont M. Derenbourg possédait dès lors plus qu'une tein-
ture. Or, Munk avait autrefois commencé à pré-
parer, comme nous l'avons dit plus haut, une
édition de la *Description de l'Inde*, par Al-Biroûnî.
L'état de sa vue l'avait obligé en 1850 à abandonner cette entreprise, dont la société asiatique
avait chargé ensuite MM. Wœpcke et de Slane.
Ce dernier s'étant bientôt retiré et Wœpcke
étant mort en 1864 , l'ouvrage se trouvait de
nouveau sans éditeur. Munk fit à M. Hartwig Derenbourg l'offre d'être son collaborateur pour
cette édition ; mais M. Derenbourg se trouva
dans l'obligation de décliner cet honneur, ayant
été appelé en septembre 1866 au département
des manuscrits de la Bibliothèque nationale,
chargé de rédiger le catalogue des manuscrits
arabes que M. G. de Slane , quelques années
plus tard , réussit à terminer. D'autres heures
offertes par M. Derenbourg, de 5 à 7, n'avaient
pas pu être acceptées par Munk, en raison de
ses devoirs comme secrétaire du Consistoire
central, qui le retenaient à ce moment depuis

de longues années : du reste l'*Alberuni's India* a
été édité par M. Sachau à Londres en 1887, et
traduit peu après en anglais par le même savant.

Le travail « qui devait être le dernier fruit de
ses laborieuses veilles », — selon l'expression
de M. J.-D. Guigniaut, — a été rédigé à la demande du ministre de l'Instruction publique.
C'est le « Rapport sur les progrès des études sémitiques en France (1) », de 1840 à 1866 (à l'exception de l'arabe) ; il examine, en autant de
paragraphes, les rubriques suivantes : Hébreu
et rabbinique ; Phénicien ; Araméen et syriaque ;
himyarite et éthiopien ; Assyrien. Or, voici ce
que dit à propos de ces pages le directeur du Recueil, le secrétaire perpétuel de l'Académie (*Introduction*, p. V) :

« M. Munk ayant à retracer l'état des études
hébraïques en France s'est expliqué avec autant d'indépendance que de mesure sur les causes
qui en ont arrêté le progrès jusqu'à ces derniers
temps, et il ne s'est montré ni moins modéré,
ni moins ferme dans son jugement sur certains
excès de critique qui pourraient le compro-
mettre. Conduit naturellement à parler de l'exégèse propre aux Juifs et de ses travaux personnels sur quelques-uns de ces libres-penseurs qui
furent au Moyen-Age les précurseurs de l'exégèse moderne, il l'a fait avec la profondeur de
savoir qu'il y avait montrée et avec la parfaite

(1) *Recueil de rapports sur les progrès des lettres et des
sciences en France. Sciences historiques et philologiques. Progrès des études relatives à l'Egypte et à l'Orient* (sous la direction de J.-D. Guigniaut). Paris, impr. impér. 1867, pp. 87-115.

modestie qui était dans son caractère. Aussi,
faut-il attribuer à l'admiration de **M. Renan**,
qui a bien voulu m'assister dans la révision du
rapport de notre confrère, les justes éloges qu'il
paraît donner lui-même soit à son beau travail
sur Moïse Maïmonide, soit à ses remarquables
essais d'épigraphie phénicienne. » Cet avis pré-
liminaire pourrait servir d'avertissement au lecteur contre toute interprétation fâcheuse de la
pensée du rédacteur.

On avait reproché à ce travail d'être exclusif,
trop personnel, et de n'avoir pas même mentionné tel ou tel orientaliste. Mais, des articles
de littérature rabbinique qui, avant 1866, n'a-
vaient guère paru en France, pouvaient-ils entrer en ligne de compte? Pourtant, après avoir
rendu justice à MM. Jules Oppert, F. de Saulcy, L. Wogue, Ern. Renan, etc, ce même rapport parle entr'autres de la confection du Catalogue des manuscrits hébreux et samaritains de
la Bibliothèque nationale, et de la part donnée
par M. Joseph Derenbourg à la rédaction « des
bulletins plus ou moins développés sur tous les
manuscrits que renferme cette riche collection.
Ce sont surtout ces bulletins qui ont servi à rédiger et à publier ce catalogue, selon le plan et
dans les proportions adoptées par l'administrateur général. » Malheureusement, ce travail
écrit pour l'Exposition universelle de 1867, devint une publication posthume : l'auteur ne vécut pas assez pour se faire lire les épreuves et y
introduire peut-être des modifications.

En fait, les preuves importantes de sa fécondité, maintes fois répétées, qu'il était arrivé à donner dans sa situation, devaient lui être fatales : elles amenèrent une fin prématurée et inattendue. Le 5 février 1867, au soir, quelques heures après être descendu de sa chaire du collège de France, eut lieu chez lui une séance du Consistoire central israélite. Au cours de cette séance, il parla davantage et avec plus de gaîté que d'habitude. Mais, à peine ses collègues avaient-ils quitté la maison, que Munk fut atteint d'une attaque d'apoplexie, qui l'emporta dans la nuit même, au bout de quelques heures d'agonie ! C'est donc à bon droit que l'on peut dire de lui qu'il avait accompli jusqu'à l'extrême les devoirs de sa conscience, tant et si bien qu'il lui sacrifia ses intérêts et sa vie, comme il lui avait sacrifié sa vue.

Aux obsèques de Munk, tous les grands corps d'Etat dont le défunt avait fait partie étaient largement représentés : leurs membres parlèrent à tour de rôle sur la tombe de Munk et prononcèrent successivement son éloge, au nom du Consistoire central, de l'Institut, du Collège de France, et de ses amis. Une manifestation, particulièrement touchante, émana de l'Alliance israélite. Le 14 février, M. Eugène Manuel, qui préside à titre de vice-président, « entretient le Comité central de la perte immense qu'il vient de faire dans la personne de son président, M. Salomon Munk. Pour donner à sa mémoire

une éclatante marque de sa vénération, le comité central décide :

« 1° La Présidence ne sera, cette année, con·
férée à personne ; elle restera vacante, et, en tête
de chaque procès-verbal des séances du Comité,
le nom de Munk sera placé avec ces mots : « Le
« président Salomon Munk ne devant pas être
remplacé pendant le cours de cette année, M.
Ad. Crémieux, vice-président, occupe le siège. »
2° Le portrait de S. Munk sera placé dans la
salle des séances du comité. »

A la séance de l'Assemblée générale du 19
décembre suivant, un fauteuil au milieu du bureau reste vide, sur l'ordre du président, Ad.
Crémieux, qui prononce l'éloge du défunt, et
termine par ces mots : « ... son ombre préside
à cette séance, où nous croyons tous le voir au
milieu de nous. »

Après un intervalle de temps de presque deux
ans, un charmant auteur, deux fois collègue de
S. Munk, Edouard Laboulaye, exhale encore
les regrets que cette perte lui inspire (1) :

« Le savant traducteur de Maïmonide, dit-il, cet
aveugle prodigieux qui savait la Bible par cœur
et pouvait citer le livre, le chapitre et le verset
où tel mot hébreu était pris en tel ou tel sens,
Munk recueillait ces vieux livres (écrits par les
Juifs espagnols). Il les connaissait par leur titre,
leur date, leur format, il les avait lus; il en ap-
préciait le mérite. C'est à lui que je portais mes
trouvailles ; c'est lui qui m'en disait l'impor-

(1) Feuilleton du *Journal des Débats* du 1ᵉʳ janvier 1869.

tance et le prix. Il savait tout ; mais il y avait
encore quelque chose de plus admirable en lui
que l'érudition ; c'était la sérénité de son esprit
et la bonté de son cœur. Je ne puis voir un de
ces recueils espagnols sans me rappeler l'excellent confrère que nous avons perdu à l'Académie. Il était à la fois l'honneur de la science et
l'honneur de son peuple. De notre temps, nul
n'a fait plus que lui pour relever le nom d'Israël. » Voilà une oraison funèbre, qui, pour être
un peu tardive, a au moins autant de valeur,
sinon davantage, que les éloges prononcés sur
une tombe.

# BIOGRAPHIES DIVERSES

Tant d'événements littéraires, tant de faits intéressants, ont attiré de bonne heure l'attention des biographes. Aussi, avant d'aller plus loin, on jugera sans doute utile d'avoir sous les yeux le tableau synoptique de tous ces titres, si même cette énumération est incomplète. — Par ordre chronologique et numérique, les biographies allemandes sont les premières ; un grand nombre d'entre elles datent du vivant de notre auteur, comme on va voir, et malgré cela, elles contiennent parfois des erreurs de date (une rectification sera donnée en passant) :

A 1. K. Klein : S. MUNK : *Jahrbuch des Nützlichen und Unterhaltenden für Israel*, an III, 1844, p. 47 et suivantes.

2. J. M. Jost : même *Jahrbuch*, t. XIV, 1856, p. 91 et suiv.

3. Mor. Steinschneider : *Catalogus librorum hebræorum in bibliotheca Bodleiana* (Oxford, 1852-60), col. 2010, n° 6950.

4. Abr. Geiger : *Jüdische Zeitschrift*, t. V, 1866, p. 1 et suiv.

5. Adolf Jellinek : *Salomon Munk*, professor am Collège de France ; *Vortrag im Wiener Beth ha-*

*Midrasch, am 21 st en Januar 1865 gehalten* (à la Bibliothèque nationale, cote 8° L. n 27 26226).

6. Sam. Modlinger : *Reminiscenz an Munk, oder über den Werth des Orientalismus für die* Kulturgeschichte. *Vortrag gehalten im Vereine* für Bildung u. Geselligkeit in Lemberg am 7 ten März 1867 (même bibliothèque, 8° L. n 27 25720).

7. Lud. Philippson : *Allgemeine Zeitung des Judenthums*, Feuilleton-Beilage, n° 9, p. 183.

8. Jos. Lehmann ; *Magasin für die Literatur des Auslandes*, février 1867, t. LXXI, p. 97 (on est étonné de voir assignée comme date de naissance 1805 au lieu de 1803, et pour l'affaire de Damas 1842 au lieu de 1840).

9. E. Siegfried : *Allgemeine deutsche Biographie*, t. XXIII, p. 16-18.

10. Richard Gosche : *Zeitschrift der deutschen morgenländischen Gesellschaft*, 1871, t. XXIV, p. 42-44 ; Supplement, *wissenschaftlicher Jahresbericht über die morgenl. Studien*.

11. M. Brann, *Aus Salomo Munk's nachgelassenen Briefen : Jahrbuch für jüdische Geschichte und Literatur*, t. II, 1899, p. 148-203.

B. Biographies françaises. 12. F. de Saulcy : *Courrier de Paris*, du 16 février 1858.

13 Ernest Desjardins* : *Comptes rendus des*

---

* Il corrige bien la 1re édition de Vapereau, qui fait naître Munk « à Breslau, en 1807 » ; mais il dit de lui à tort qu'il est né en 1805 et venu à Paris en 1830, à l'âge de 25 ans.

*séances de l'Académie des Inscriptions et Belles-lettres*, t. II. p. 392-6 (résume le précédent article du *Courrier*, enrichi de bibliographie).

14. M. S. *Archives israélites*, 1867, t. XXVIII, p. 154-166.

15. S. Bloch : *Univers israélite*, même année, t. XXII, p. 303-33, et p. 362-8.

16. *Discours prononcés sur la tombe de Salomon Munk*, par Ad. de Longpérier, président de l'Académie des Inscriptions et Belles-lettres ; Adolphe Franck, professeur au Collège de France ; L. Isidor, Grand Rabbin du Consistoire Central des Israélites de France, et Albert Cohn, docteur en philosophie. Paris, 1867, 8º (à la Bibl. nat. L. n 27 22961). — Le premier de ces discours a paru aussi à part, librairie Firmin-Didot (4ᵉ L n 27 22922).

17. Jules Mohl : *Journal asiatique*, 1867, VIᵉ série, t. X, p. 27 et suiv.

18. Gust. Dugat : *Histoire des Orientalistes de l'Europe du XIIᵉ au XIXᵉ siècle* (P. 1870, 8º), t. II p. 192-212.

C, Biogr. en hébreu. 19. *Joseph Halévy*, Nécrologie sous forme de poème en 7 sixains : *Lebanon*, 15 février, t, IV, p. 50.

20. Senior Sachs : *nécrologie* (en prose), même recueil à cette date, p. 58.

D. Biogr. hollandaise. 21. S. I. Mulder (d'après Jost, ci-dessus nº 2) : *Nederland. israeliet. Jaarbœk voor* 1858, VIIIᵉ Jaargang.

# VI

Passons maintenant de la vie privée et officielle de Munk à sa vie intellectuelle, car, il
ne faut pas l'oublier, ses ouvrages ont vulgarisé
et porté à la connaissance des gens du monde
certains points de la littérature juive du moyen-
âge, qui avait été jusqu'alors l'apanage d'un
cercle restreint d'érudits. Jetons un regard sur
ses œuvres. Pour les analyser toutes, il faudrait
dépasser les bornes imposées au présent travail.
Ne revenons ni sur ses mémoires publiés comme
appendices dans la grande *Bible* de Samuel
Cahen, ni sur ses savants articles de littérature
sanscrite dans l'ancien journal le *Temps*, ni sur
ses amples travaux dans le *Journal asiatique*, qui
lui assurent la reconnaissance éternelle de la
critique. Il avait donné aussi aux *Archives israélites* des notes d'histoire et de biographie :
*Louis Marcus* (t. IV, 1843, p. 541); *Quelques ouvrages inédits de Yedaïa Penini* (t. VIII, 1847, p.
67), et jusqu'à l'explication d'*Enigmes* (t. XII, p.
499, 556. De même, dans l'*Orient* de J. Fürst, il
a publié t. I, p. 136) la *Réfutation du Cozari*, par
Ben-Abba : puis (ibid. p. 87, 165, 184, 195, 213),
des *Extraits du Tachkemoni*, outre une revue de
*Littérature judéo-arabe* (ib. p. 361). Ensuite, dans le
*Jahrbuch* de Klein t. V, p. 50 et suiv), il offre
une *Esquisse de la littérature hébraïque jusqu'à la
destruction du second Temple* (1). Enfin, deux de
ses articles sont consacrés à la critique histo-

(1) Il faut ajouter l'historique de la fixation du Sabbat au
dimanche par l'Eglise, sous forme de Lettre réplique à Tsarfati, datée du 2 novembre 1836, adressée à la *Régénération*,
t. I, p. 330.

rique dans la *Revue orientale et américaine :* 1° *La secte des Karaïtes et la traduction arabe des Psaumes*, par R. Yapheth b. Ali, à propos de la publication de ce texte, par l'abbé Bargès (t. VII, 1861, p. 1 et suiv.) ; 2° *La poésie juive espagnole*, à propos de la publication des *Oleloth Eliahou* par le Rabbin Elie A. Astruc, extrait de la *Traduction française du rituel des fêtes juives selon le rite portugais*, (t. X, 1863, p. 5 et suiv.).

Les œuvres détachées de Munk, réunies en un tout, formeraient d'épais volumes ; considérées séparément, elles n'en constituent pas moins d'impérissables monuments de grande érudition et de profondes recherches. C'est le caractère propre aux écrivains modestes, de répandre comme une semence les marques de leur savoir : ils donnent les fruits de leur science sans compter, comme le riche qui n'a pas souci de sa richesse. D'ailleurs, un important article de quelques pages peut présenter autant d'intérêt qu'un livre entier. Aussi, quelques amis de Munk, peu de temps après sa mort, eurent l'intention de faire réimprimer les principaux articles, pour leur assurer une plus grande publicité, selon un usage assez fréquent. Déjà de son vivant, Munk y avait préludé dans la seconde partie de ses *Mélanges de philosophie*, tandis qu'il concentrait toutes ses forces pour publier le *Guide des Egarés*, ou *Moré*. Ce dernier ouvrage, en effet, est le plus important et le plus étonnant de tous : l'édition de *Maïmonide* est, avec la *Palestine*, son principal ouvrage, un monument impérissable.

« Les écrits de Maïmonide, dit Ad. Frank (1),

(1) *Séances et travaux de l'Académie des sciences morales et politiques*, comptes-rendus t,, XV, 1849, p, 129, et suiv. ; *Etudes Orientales* (P. 1861), p. 317-360. Comparez son ana-

portent sur des sujets bien ingrats et qui peuvent sembler bien indignes d'un si grand esprit ; mais en introduisant l'ordre et la lumière dans cet immense chaos qu'on appelle le Talmud, en mettant des principes et des règles à la place des sophismes qui l'obscurcissaient encore, et surtout en abrégeant le temps qu'on donnait jusqu'alors à cette étude, ils ont puissamment contribué à développer chez les Juifs le goût de la philosophie et des sciences en général ; ils leur ont permis de sortir de l'horizon étroit où ils étaient renfermés, et de jouer un rôle utile dans la civilisation. Ce résultat ne pouvait être obtenu qu'à une seule condition, celle de conserver ou de reproduire fidèlement la tradition rabbinique, et de donner l'exemple de la méthode d'enseigner les lois de la saine logique, sans porter aucune atteinte au fond des choses. Aussi, Maïmonide ne s'est-il pas moins signalé par la rigidité de son orthodoxie dans le *Yad Hazakah*, que par la hardiesse de ses opinions dans le *Moré Neboukhim*.

« Il reste donc à étudier dans Maïmonide le théologien et le philosophe, deux qualités inséparables chez lui, comme chez tous les penseurs éminents du moyen-âge, à quelque croyance qu'ils appartiennent. En effet, le but que poursuit partout l'esprit humain à cette époque, et l'idée qui domine toutes les autres, chez les Juifs comme chez les Arabes, chez les Arabes comme chez les chrétiens, c'est la conciliation de la raison avec la foi, de la tradition religieuse avec une sorte de tradition philosophique. C'est précisément dans les efforts qu'il a faits pour conci-

lyse du *Moré* dans le *Moniteur Universel* du lundi 12 janvier 1857, et Isidore Cahen, *Journal des Débats* du vendredi 17 octobre 1856.

lier ensemble l'Ecriture Sainte et les connaissances naturelles qu'il avait pu acquérir, ou le
système dont il s'était pénétré, que se montre
l'originalité de Maïmonide. Il peut être regardé
comme le vrai fondateur de la méthode que
Spinoza enseigne dans son *Traité théologico-politique* et qu'on appelle aujourd'hui l'exégèse rationnelle. Les récits les plus merveilleux de la
*Bible* et les doctrines qu'elle contient, les cérémonies qu'elle prescrit, il essaye de les expliquer
par les lois de la nature et les procédés habituels
de l'intelligence. Il ne donne à un fait le nom de
miracle que lorsque la science est absolument
impuissante à lui donner un autre caractère ; et
cette règle, il l'applique avec un soin tout particulier à la prophétie. Il n'y a rien, selon lui, dans
la loi de Dieu, qui n'ait une raison, ou physique,
ou morale, ou historique, ou métaphysique,
dont nous pouvons nous rendre compte par la
réflexion. Aussi, quand le sens littéral le blesse,
il adopte sans scrupule un sens allégorique. Le
principe par lequel il justifie ce procédé et qu'on
rencontre sous toutes les formes dans ses ouvrages, même dans son commentaire sur la Mischna (1), c'est que le but de la religion est de
nous conduire à notre perfection, ou de nous
apprendre à agir et à penser conformément à la
raison ; car c'est en cela que consiste l'attribut
distinctif de la nature humaine.

« La psychologie de Maïmonide, de même que
sa philosophie générale, a beaucoup de ressemblance avec celle d'Aristote ; cependant, elle
possède aussi un caractère qui lui est propre,
surtout en ce qui concerne l'essence de l'âme et
ses rapports avec le corps. On y reconnaît la

(1) Préface du *Séder Zeraïm*.

double influence du médecin et du théologien,
et cela avec d'autant moins d'effort, que ces
deux directions ne s'accordent pas toujours.
L'âme est une dans son essence; mais elle agit
et se manifeste par des facultés diverses. Ces
facultés sont au nombre de cinq : la force nutritive qu'on devrait appeler plutôt la force vi-
tale, parce qu'elle préside à toutes les fonctions
de la vie organique, la sensibilité, l'imagination,
la force appétitive et la raison. Ce ne sont pas
tout-à-fait les mêmes que celles qui font la base
de la psychologie aristotélicienne. On ne voit
point figurer parmi elles la force locomotrice ;
d'un autre côté, l'imagination et l'appétit, au lieu
d'être considérés comme de simples propriétés
des sens, sont élevés au rang des facultés premières. Mais il faut remarquer que de la force
appétitive émanent à la lois tous nos penchants,
toutes nos passions, et les mouvements auxquels nous sommes excités par les diverses dis-
positions de notre âme. Elle nous offre comme
le θυμός de Platon, mais dans une sphère beaucoup plus étendue, la réunion de la passion et de
la volonté. On pourrait croire, d'après cela, la
liberté humaine bien compromise : il n'en est
rien cependant. Maïmonide déclare que l'homme
est libre ; il lui reconnaît le pouvoir de maîtriser
ses inclinations, ou d'y céder, de les fortifier ou
de les adoucir, de les diriger selon ses vues, et
il a soin de placer ce noble privilège de notre nature, sous la triple garantie de la religion, de la
philosophie et du sens commun. Seulement, il
n'en fait pas une faculté à part; il la conçoit
comme une fonction de l'intelligence, ou comme
l'action que l'intelligence exerce sur l'appétit,
et croit la soustraire par là à l'influence de l'organisme. En effet, toutes les autres facultés sont

étroitement unies au corps et subissent les lois
de sa constitution. Cela est hors de doute pour
la force nutritive et pour les sens dont les opé-
rations sont entièrement subordonnées à la
forme et à la composition des organes. Les sens
fournissent à l'imagination les matériaux sur
lesquels elle agit, c'est-à-dire les images qu'elle
conserve et qu'elle combine ensemble. L'imagination, à son tour, excite et développe nos
passions, nos désirs, qui d'ailleurs dépendent
aussi du tempérament. Il y a des tempéraments
ardents qui ont besoin d'être contenus ; il y
en a de froids et de lents, qui demandent à
être excités. L'intelligence seule paraît devoir
être affranchie de toute influence étrangère.
Elle est placée si haut parmi les diverses facultés de notre être, que la matière ne peut pas
l'atteindre ; elle est, comme le dit Maïmonide(1),
la forme de l'âme elle-même, comme l'âme est la
forme du corps vivant. Mais il faut distinguer
deux espèces d'intelligence ; l'une n'est, en quelque sorte, qu'une dépendance des sens, et a pour
seule tâche de diriger, de coordonner les mouvements du corps ; c'est l'intelligence matérielle
(Sekhel haioulani), ainsi nommée parce qu'elle ne
peut point se séparer de la matière et demeure
soumise à son influence, comme les autres facultés dont nous venons de parler ; l'autre, entièrement indépendante de l'organisme, est une
émanation directe de l'intelligence active ou
universelle, et a pour attribut spécial la science
proprement dite, la connaissance de l'absolu,
de l'intelligible pur, du principe divin où il
prend sa source : c'est l'intelligence acquise, ou
communiquée, *Sekhel hanikné*. Cette doctrine

(1) *Traité des fondements de la loi*, C. 3,

n'appartient pas en propre à Maïmonide ; on la rencontre, sauf de légères modifications, chez tous les philosophes arabes ; mais Maïmonide a, plus que tout autre, individualisé l'intelligence en la concevant comme le fond même de la personne humaine, et non comme une simple faculté ; il la montre, avec une existence distincte de celle de Dieu, de l'intelligence active, comme le seul gage et le seul principe de notre immortalité. »

Cette citation, déjà longue, pourrait être prolongée davantage, si l'on voulait donner des notions plus complètes sur la doctrine de Maïmonide, faire connaître ses opinions fondamentales sur des questions délicates du Judaïsme, érigées par lui en articles de foi, par exemple sur la résurrection des morts, sur sa conception de la psychologie, de la Théodicée, de la Providence, montrer comment il combat l'anthropomorphisme matériel et moral, ou intellectuel, s'élevant jusqu'au dogme biblique de la création du monde. C'est que le penseur espagnol cherchait à concilier la raison avec la foi, la philosophie avec la religion, le Mosaïsme avec l'Aristolélisme à l'aide d'une dialectique digne d'un meilleur sort. On n'ignore pas que, déjà du vivant de Maïmonide, Meir ben Todros Abulafia avait protesté contre sa philosophie religieuse(1); plus tard, la lutte entre les admirateurs et les adversaires de Maïmonide s'accentua avec une telle violence, que ces derniers allèrent jusqu'à solliciter l'intervention de l'Inquisition, acte odieux qui mit fin à la lutte. Par conséquent, l'importance capitale d'une telle œuvre n'échappera à personne, et l'on appréciera d'au-

---

(1) *Histoire des Israélites*. (2e édition), p. 152.

tant plus l'attachement que lui voua Munk.

Cet ouvrage suscita dans les communautés juives de violentes tempêtes ; elles eurent pour suite une certaine résistance jusque dans les écoles chrétiennes, auxquelles l'œuvre n'était cependant pas destinée. Aujourd'hui, où les querelles théologiques ont été portées sur un tout autre terrain, où le problème se pose autrement, où il est débattu d'après des méthodes toutes différentes, le *Guide des Égarés* reste un remarquable monument de l'esprit humain, une mine pour la connaissance de la philosophie arabe et scolastique du moyen-âge, enfin le reflet de la manière dont on traitait autrefois ces grandes questions qui agitaient profondément l'humanité.

Jusqu'à ce jour, on ne pouvait lire ce célèbre ouvrage que dans deux traductions : l'une hébraïque, par un des élèves de Maïmonide, Juda Ibn-Tibbon, qui, en raison de sa trop grande littéralité, ou mot-à-mot, est difficile à comprendre (celle de Juda al Harizi, moins strictement littérale et plus libre, sans être une paraphrase, était restée manuscrite (1) ; l'autre version est latine, faite par Buxtorf, d'après la traduction d'Ibn-Tibbon. On conçoit aisément que la découverte de l'original en langue arabe ait éveillé chez Munk le désir de publier une édition digne de l'ouvrage lui-même, et à la hauteur de la science moderne. Il était attiré d'une façon irrésistible à cette tâche par la nature du sujet, par la célébrité de l'auteur, par l'honneur qui devait en résulter pour la science et la littérature juives.

(1) L'édition de cette version a été publiée par M. Léon Schlossberg à Londres, 1851, 1876, 1879, en 3 vol. 8º. Pour les tomes ii et iii, imprimés à Vienne, l'éditeur a utilisé des notes de Munk.

Pendant vingt ans, il rassemble les matériaux de ce travail ; il va à Oxford pour compléter les manuscrits trouvés à Paris et cherche tout ce qui sert à commenter une telle œuvre. A peine a-t-il terminé ses préparatifs qu'il perd la vue, et malgré cela, il se met à l'œuvre. Aussi, en dépit de toutes les difficultés imaginables, il réussit à édifier un des plus beaux monuments de la science. Il avait eu l'intention de faire suivre les trois volumes de texte et de traduction, par un quatrième volume, qui aurait contenu la biographie de Maïmonide, ainsi que l'exposé de son système, sous le titre de *Prolégomènes*. Ce dernier volume est malheureusement resté à l'état de projet, et ne sera jamais publié.

Notre orientaliste manifeste une prédilection non moindre pour un autre esprit de la même époque et du même pays, témoignant ainsi une fois de plus qu'il n'est pas seulement philologue, mais encore philosophe. Les savants juifs du moyen-âge qui avaient puisé leurs connaissances dans les écoles arabes avaient, en grande partie, adopté aussi la langue arabe, et réuni l'étude de la philosophie, soit aristotélique, soit néo-platonicienne, à celle de la Bible et de ses commentateurs. Par la philosophie arabe, ils n'avaient pas exercé une médiocre influence sur les écoles scolastiques de l'Europe. Munk avait découvert un de ces traités de philosophie qui avaient fait grand bruit dans les écoles européennes ; celles-ci avaient attribué le *Fons vitæ* à un savant arabe, auquel on avait donné le nom bizarre d'Avicebron : c'était en réalité le juif Salomon b. Gabirol, du XI<sup>e</sup> siècle, dont les chants liturgiques sont encore en haute estime dans la synagogue. Ces sortes d'ouvrages, aussi bien le *Moré* de Maïmonide que le *Cozari* de Juda Halévi, furent primitivement écrits en arabe. Le manuscrit original d'Avicebron est perdu ; mais Munk a retrouvé la traduction hébraïque, intitulée *Meqor Hayim* (source de vie), faite par Ibn-Falaquera, qu'il a publiée.

Pour rendre compte de cette œuvre, nous ne saurions mieux faire que de recourir encore à l'analyse rédigée par Ad. Franck et lue devant l'Académie des sciences morales et politiques [1] :

« Le nom d'Avicebron était célèbre au moyen-âge, et particulièrement au XIIIᵉ siècle, parmi les maîtres de la Scolastique, dans les universités chrétiennes. On savait que c'était celui d'un philosophe étranger au christianisme, arabe ou juif. La plupart le croyaient arabe, et cette opinion a prévalu chez les écrivains de la Scolastique et les historiens modernes de la philosophie. On citait de lui un livre appelé *Source de la vie*, où les doctrines d'Aristote étaient abandonnées ou dénaturées. Quelques fragments, en très petit nombre, reproduits dans les écrits d'Albert-le-Grand, de saint Thomas, de Guillaume d'Auvergne, voilà tout ce que l'on connaissait de ce traité fameux. Mais ces lambeaux épars ne pouvaient suppléer à l'œuvre entière, à l'œuvre originale, nécessairement défigurée par le latin barbare du moyen-âge. Cette œuvre existait-elle encore ? En quelle langue a-t-elle été écrite ? Quel système contient ou contenait-elle exactement, et enfin quel en est l'auteur ? Quel est cet Avicebron dont peut-être le nom même nous est arrivé défiguré ? A quelle époque, à quelle nation, à quelle croyance, appartient-il, et à quelle source a-t-il

(1) *Comptes-rendus des Séances*, 1857, IVᵉ trimestre, p. 45-58 ; *Études Orientales*, p. 361-380.

emprunté les idées qu'on lui attribue? Toutes ces
questions, regardées jusqu'aujourd'hui comme
insolubles, ont reçu de M. Munk une réponse
précise, certaine, telle qu'on pouvait l'attendre
de sa rare érudition et de sa critique pénétrante.

« Chargé il y a quelques années à la Bibliothèque impériale, pendant qu'il possédait encore
l'usage de ses yeux, de rédiger le Catalogue des
manuscrits hébreux, il découvrit, dans un recueil de divers traités philosophiques, un ouvrage qui portait le titre de *Meqor-Hayim*, c'est-
à-dire la *Source de la vie*. Ce n'était pas tout-à-
fait le *Fons vitæ;* car celui-ci a été écrit en arabe ;
mais c'en était un abrégé et en grande partie
une traduction rédigée au XIII⁰ siècle par un
philosophe juif du nom de Schem Tob Ibn
Falaquéra. Que ce traité fût au fond exactement
le même que celui qui avait fait tant de bruit
au moyen-âge, il était impossible d'en douter,
en y retrouvant presque textuellement les cita-
tions de saint Thomas et d'Albert-le-Grand.
Rassuré sur ce point capital, on pouvait donc
prendre au mot l'abréviateur hébreu, quand il
déclare, dans sa *Préface*, que ses éliminations
ne portent que sur des répétitions superflues et
des arguments sans importance.

« Mais nous possédons encore une autre preuve
de la fidélité de cet écrivain. C'est une traduction entière, une traduction latine du *Fons vitæ*,
que M. Munk a eu également le bonheur de découvrir, probablement parce qu'il a eu la persévérance de la chercher, et qui s'accorde de
tout point avec les extraits d'*Ibn-Falaquéra* (1).

(1) Manuscrits latins de la Bibliothèque nationale, fonds Saint-
Victor, nᵘ 32. Cette version latine, très heureusement, n'est
pas unique, et il y en a une copie parmi les manuscrits latins de
la bibliothèque Mazarine, nº 510.

Ces deux manuscrits nous étant arrivés dans un
assez mauvais état, mais se trouvant rarement
atteints dans les mêmes parties, le savant orientaliste a pu s'en servir pour les compléter, les
corriger et les interpréter l'un par l'autre. Nous
avons donc aujourd'hui entre les mains, sauf
quelques suppressions plutôt utiles que nui-
sibles, l'œuvre authentique, je dirai même
l'œuvre entière d'Avicebron, car M. Munk pu-
bliera un jour la traduction latine à l'usage de
ceux qui ne peuvent consulter la traduction hébraïque. Il nous en offre déjà aujourd'hui de
longs passages, et ce ne sont pas les moins importants. »

Malgré sa cécité, grâce à un grand déploiement
de patience et de perspicacité, grâce surtout à sa
connaissance approfondie du sujet, Munk réussit à rétablir le texte de la version hébraïque,
d'après un manuscrit unique et de plus très in-
correct de la Bibliothèque (fonds hébreux, n° 700,
3°). Il en a publié de longs extraits hébreux, traduits en français, accompagnés d'une biographie
de l'auteur, d'une analyse de l'œuvre, d'une dissertation complète sur les sources auxquelles
Ibn Gabirol a puisé, et sur l'influence que sa
philosophie a exercée pendant plusieurs siècles.
Il a fait suivre cette reconstitution d'une série
de remarques sur les principaux philosophes
arabes et leur enseignement, puis d'une esquisse
historique sur la philosophie chez les Juifs, depuis Philon jusqu'à la destruction de l'école
juive en Espagne. Ce livre, excessivement remarquable, rempli de science ainsi que de faits
et de points nouveaux, — disait de lui un de ses
confrères et deux fois collègue (1), — constitue

(1) Jules Mohl, rapport annuel sur les travaux de la Société
asiatique en 1867 : *Journal asiatique*, 1867, t. II, p. 27-34.

un des plus beaux traités sur l'histoire de la philosophie au Moyen-Age : Munk nous en a offert le côté oriental, non pas avec plus de détails, mais avec plus de précision que tous ses devanciers.

## VII

En feuilletant les procès-verbaux des séances de l'Académie des inscriptions et belles-lettres, en lisant les colloques des membres de cette assemblée, on a une image vivante de leurs causeries. A titre d'échantillon, voici quelques extraits tirés des comptes-rendus de ces séances, qui permettront d'assister aux réunions, après un long espace de temps.

En 1859, Munk adresse diverses objections à Renan au sujet de son Mémoire sur le monothéisme de la race sémitique : 1° A propos de l'idolâtrie de la famille d'Abraham ; 2° A propos du livre de Job, outre d'autres objections et observations. Ainsi, 1° dans la séance du 18 mars, la discussion est engagée par Munk, qui cite deux passages, l'un du livre de Josué, l'autre du livre intitulé « l'*Agriculture des Nabatéens* », d'où il semble résulter que Tharé était idolâtre. 2° Revenant sur le jugement porté relativement au livre de Job, Munk croit que l'on doit tirer de cet écrit un autre enseignement que celui de l'audace humaine en présence de la divinité ; pour lui il s'est toujours attaché à la thèse finale du livre d'où ressort l'instruction morale qui est la soumission aux volontés de Dieu et aux ordres de la Providence, et c'est là le fond même de ce fameux épisode. — La réponse à cette objection ne peut pas compter comme réplique formelle : sans nier que la thèse finale puisse être ainsi comprise, Renan pense qu'on ne peut se refuser à admettre qu'il règne une excessive liberté et une audace inouïe dans le langage de l'homme parlant de Dieu dans tout le livre, et qu'il est bien difficile de concilier ce langage avec le respect que supposent toujours la vraie croyance et la solide piété.

Le 8 avril, à propos du nom de Tammuz auquel les Grecs ont exclusivement appliqué le nom d'Adonis, synonyme de Baal ou dieu par excellence, Munk fait ressortir que les mois syriens ont tous des noms de divinités.

Puis, le 20 avril, revenant sur les prétendus arguments que l'on voudrait tirer des expressions du poème de Job, Munk fait remarquer que la poésie mythologique des Romains fournirait des exemples analogues à celui du livre de Job, et qu'on ne saurait par conséquent s'en faire un argument pour la thèse générale que soutient M. Renan. Il cite à ce sujet les vers si connus :

> Jam satis terris nivis atque diræ
> Grandinis misit Pater....

et il demande si Renan, venant à trouver de pareilles expressions dans Job, ne s'en serait pas emparé comme d'une preuve en faveur du monothéisme sémitique. Jupiter est souvent semblable à Allah par les attributs qu'on lui prête et la puissance créatrice qu'on lui donne.

Reprenant l'ensemble de la discussion, Munk s'exprime ainsi :

« Le Mémoire sur lequel nous différons de sentiment est en contradiction avec la *Bible*, et la

nouveauté des opinions qui s'y produisent est
contraire à tout le témoignage de l'antiquité sacrée et profane. Ce qui me paraît grave surtout,
c'est cette assertion que d'autres peuples de la
race sémitique ont possédé, comme les hébreux,
la notion du monothéisme. La *Bible* dit le contraire, puisque dans le livre de Josué nous
voyons qu'au temps d'Abraham la plupart des
familles de sa race étaient idolâtres. Les documents profanes ne sont pas moins en opposition
avec la thèse que le savant auteur de l'*Histoire
des langues sémitiques* expose devant nous. Le nom
d'Abdallah ne prouve rien ; le Coran nous fait
connaître des dieux et des déesses adorés par
les arabes. On sait d'autre part qu'ils adoraient
aussi les astres. Le précieux document connu
sous le nom d'*Agriculture des Nabatéens*, — sur
l'authenticité duquel il ne lui paraît guère permis d'élever quelques doutes, et dont quelques
parties même n'attendent pas les commentaires
de M. Chwolson pour être bien comprises, —
nous apprend que les Babyloniens adoraient
les astres. Ce culte, il est vrai, n'avait pas de rapport avec celui des phénomènes naturels déifiés
dans les religions aryennes ; mais c'était une
sorte d'astrolâtrie, qui faisait du soleil le dieu
principal et en admettait d'autres, ce qui exclut
absolument la notion monothéiste. On ne trouve
non plus aucune trace de monothéisme dans les
poésies des arabes ; c'est le sentiment de la personnalité humaine qui y domine. Rien de semblable chez les Hébreux, qui ont eu parmi les
nations sémitiques le privilège exclusif de la religion du Dieu unique, en même temps que le
privilège de la poésie. Que l'on compare les premiers versets des Psaumes : « Heureux l'homme
qui n'a pas marché dans la voie du pécheur... »

et le premier verset du Hamaza ; ici, on ne trouve qu'un esprit de barbare férocité. C'est le même esprit qui domine dans toutes les poésies arabes. Les noms de dieux allégués par M. Renan ne prouvent rien. » — Ici, Munk cite plusieurs noms de divinités qu'il ne lui paraît pas possible de ramener à un sens monothéiste.

Comme Renan fait observer, en passant, que tous ces noms sont de ceux sur lesquels on n'a absolument aucune donnée étymologique, et qu'il n'est point permis d'argumenter de l'inconnu contre le connu, Munk réplique. Il ne croit pas que ces peuples aient jamais eu la notion d'un seul Dieu. Ils étaient, selon lui, essentiellement polythéistes et l'étaient restés parce qu'ils n'avaient pas de poésie et que le culte des astres seul était insuffisant pour inspirer ses partisans. Il lui apparaît donc que les Hébreux sont les seuls poètes, les seuls dépositaires, les seuls défenseurs du monothéisme. C'est la vérité qu'il a toujours reconnue, et elle lui semble appuyée sur des principes trop solides et des autorités trop sérieuses pour être renversée par quelques observations philologiques.

M. Renan répond que ce n'est pas seulement la philologie qui lui a montré la tendance monothéiste commune à tous les Sémites. Munk lui a demandé ce que la tendance monothéiste a produit chez les Arabes. Il s'étonne d'une telle question : elle a produit l'Islamisme. On a objecté qu'il existait des noms polythéistes chez les Arabes avant Mahomet. Cela est parfaitement simple, et il l'a reconnu. Il n'a jamais soutenu que toute l'Arabie fut monothéiste, mais qu'il y avait encore dans ce pays des traces d'un ancien monothéisme. Il y avait aussi en Arabie des Juifs et des chrétiens. On trouve un roi nommé Abd el Masih (le serviteur du Christ) ; en conclurait-on que toute l'Arabie était chrétienne ? Le fait est que l'état religieux de l'Arabie était une sorte d'éclectisme ou de liberté religieuse, où chacun se formait sa religion à sa guise. Mais le monothéisme était si bien dans les instincts de la nation arabe, aussi bien que de la nation juive, que Mahomet n'a eu qu'à rappeler ce grand peuple à sa vraie tradition. Il a restauré la croyance à un seul Dieu, dont la notion était oblitérée et le culte oublié. Il ne prêcha jamais *Allah* comme une nouveauté ; mais il s'élève contre ceux qui lui associent d'autres êtres (anges, génies, etc.).

Cette discussion scientifique entre les deux premiers orientalistes, dans laquelle les adversaires de part et d'autre apportaient des arguments de haute valeur, avait attiré l'attention et l'intervention d'autres académiciens, au point de vue classique ou philosophique. Aussi, après avoir été interrompue par l'heure, elle reprend sous forme de dialogue à la séance du 10 Juin présidée par M. H. Wallon :

M. RENAN. Il commence par répondre aux objections que M. Munk lui a adressées à la séance du 20 avril dernier et auxquelles il n'avait pu répliquer par suite de la clôture. Allah, dit-il, n'était pas une chose nouvelle au temps de Mahomet. Allah figure dans la Moallaka de Zobeyr, qui est certainement antérieure à Mahomet. Le vrai caractère de l'Islamisme est d'avoir été une réforme plutôt qu'une religion nouvelle.

M. MUNK. Il y avait des dieux en Arabie avant Mahomet d'après le texte même du Coran.

M. RENAN. Assurément, il y avait plusieurs

divinités, car il y avait plusieurs religions, et c'est de cette anarchie religieuse que le réformateur Mahomet dégagea et fit revivre l'idée, la tradition monothéiste. Le livre de son savant confrère, M. Caussin de Perceval, a mis ce fait parfaitement en lumière et au dessus de toute contestation. Il ne prétend pas dire, quant à lui, que l'Arabie fût monothéiste. Mais il serait tout aussi faux de prétendre, parce qu'on y trouve des traits de paganisme, qu'elle était toute païenne, que de s'imaginer qu'elle était chrétienne, parce qu'on y trouve des chrétiens. Il ajoute qu'en attribuant aux Arabes l'aptitude monothéiste, en les regardant comme conservateurs d'une notion obscurcie, mais existante avant Mahomet, il n'a pas la pensée de les égaler aux hébreux ; mais, s'il n'y a pas similitude, il y a du moins fraternité entre les deux peuples.

M. Munk. Il est bien difficile de trouver dans la poésie arabe l'ombre du sentiment religieux qui respire dans celle des Juifs. Il n'y voit, quant à lui, qu'un fond d'égoïsme et d'orgueil.

M. Renan n'entend pas faire l'apologie de la poésie des Arabes. Selon lui, ce n'est pas là qu'il faut chercher l'expression du sentiment religieux des Arabes.

M. Munk. Comment se fait-il cependant que le monothéisme des Arabes ne leur ait jamais inspiré aucune poésie religieuse ?

M. Renan. Cela est un peu exagéré. Il y a chez les Arabes une poésie religieuse Il faut reconnaître cependant que ce n'est pas dans le rythme de l'ancienne poésie, rythme consacré aux sujets profanes, que s'exprime la pensée religieuse des Arabes. Leur grand monument religieux, c'est le Coran, dont le style est intermédiaire entre la prose et la poésie. Mahomet n'est pas seulement un imitateur; il faut lui reconnaître un caractère vraiment original, et lors même qu'on élèverait des doutes sur sa droiture, à certaines époques de sa carrière, on ne peut nier du moins la profonde piété de ses compagnons, tels que Ali et les martyrs de l'Islam.

M. WALLON. Ils procèdent du Coran.

M. RENAN. Mais le Coran même procède de ce qu'il y a de plus profond dans l'esprit arabe. La poésie arabe n'est pas à ses yeux, il le répète, la parallèle de celle des Hébreux, surtout des Psaumes. Le genre de poésie hébraïque qui ferait le pendant de la poésie arabe est perdu presque tout entier; on en trouve seulement des fragments dans le Pentateuque, par exemple le chant sur la prise de Hesebon. Or, ces chants ont un air assez barbare. Il ne trouve pas non plus que le cantique de Deborah respire cette tendresse religieuse, que son savant confrère cherche vainement dans les poèmes arabes.

M. MUNK. On ne peut nier, du moins, que le cantique de Deborah soit inspiré par le plus pur monothéisme.

M. RENAN. Ce monothéisme se trouve aussi chez les Arabes. Son savant confrère connaît comme lui le verset 27 de la *Moallaka* de Zoheyr, qui renferme des expressions toutes monothéistes. Mais c'est surtout dans la haute antiquité que les Sémites nomades paraissent avoir eu tous une même religion et une même poésie. Il rappelle Melchisédech, qui est qualifié « prêtre du Très-Haut », et qui pourtant n'appartenait pas à la race d'Abraham.

M. Munk propose une autre explication du passage de la Genèse relatif à Melchisédech qualifié prêtre de *El Elion*. Quoiqu'*El* puisse signifier le Dieu unique, il ne s'agirait cependant, selon lui, que du Dieu phénicien *Elion*, dont il est fait mention dans Sanchoniathon. Abraham dit : « Moi je lève la main au vrai Jéhovah. » Ce ne serait donc pas Jéhovah qu'aurait adoré Melchisédech. Cela n'est qu'une conjecture, il est vrai ; il l'a émise dans son livre de la *Palestine*, et M. Movers l'a avancée comme lui et a fait de Melchisédech le prêtre du dieu Elion.

M. Renan croit qu'il faut expliquer l'hébreu par l'hébreu, et non par le phénicien, qu'il ne faut pas expliquer la Genèse par Sanchoniathon ; or, Abraham donne la dîme à Melchisédech comme un prêtre du Dieu très haut. Comme tel, Melchisédech bénit Abraham. Il y a évidemment là le signe d'une fraternité religieuse.

M. Wallon. Le passage des Psaumes où il est parlé de Melchisédech confirme pleinement l'opinion de M. Renan.

M. Texier remarque qu'en ce qui concerne les Arabes, M. Renan semble avoir mis de côté les traditions bibliques, que Mahomet, selon lui, aurait recueillies. La religion chrétienne était répandue dans tout l'Orient. La Genèse est la même pour les mulsumans et les chrétiens. Quand Mahomet II prit Constantinople et entra dans la Métropole, il renversa les figures chrétiennes, excepté les chérubins qui soutiennent l'arche. Le Coran reconnaît les anges.

M. Renan ne l'a jamais nié, mais ces anges ne sont jamais assimilés à des dieux. Mahomet insiste sans cesse sur cette distinction. Reprenant sa réponse à M. Munk, il revient à Job.

Ce livre, dont la scène est placée ailleurs qu'en Palestine, prouve que les juifs n'ont pas été seuls en possession des idées toutes monothéistes qu'il renferme ; car il eût été absurde assurément de placer l'épisode de Job chez des peuples idolâtres.

M. Munk. Les peuples descendants d'Ismaël, par conséquent d'Abraham, avaient une notion contraire et traditionnelle du monothéisme.

M. le vicomte de Rougé ne peut comprendre que son jeune et savant confrère prétende tirer quelque conséquence, en faveur de sa thèse, de la religion des Iduméens très proches parents des Beni-Israël : car on trouve là une communauté de sentiments en rapport évident avec celle du sang.

M, Renan. C'est justement là sa thèse. Tous les peuples nomades voisins de la Palestine étaient frères ; les idées et les conceptions religieuses étaient les mêmes chez tous. C'est là tout ce qu'il faut pour établir que le monothéisme n'a pas été le partage exclusif des juifs.

M. de Rougé ne peut partager cette manière d'envisager la question, M. Renan généralise où lui particulariserait. Il s'agit d'époques connues, de tribus sœurs et sur lesquelles il n'y a pas d'incertitude possible ; mais si l'on veut généraliser ces observations, il faut remonter plus haut et trouver des analogies plus fortes que celles qui ont été produites. M. Renan reconnaît que les familles ne se classent pas très facilement par les langues et le sang en remontant à ces époques moins connues. C'est cependant ce qui importerait. Il faudrait constater les résultats généraux du caractère net et tranché de toute la race. A quoi cette race sémitique se rattache-t-elle ? Est-ce aux familles du même sang et de la même origine ? ou à ceux qui parlent la même langue ?

M. WALLON. L'auteur du mémoire a énuméré au début de son travail, de quels peuples il entendait parler pour leur appliquer le nom de Sémites et le trait caractéristique de la race.

M. RENAN. Les peuples d'une même origine sont à ses yeux ceux qui parlent ou ont parlé dans le principe la même langue. Les Sémites sont les peuples qui parlent les langues sémitiques. Il est indubitable qu'à une certaine époque, les Edomites, les Israélites, les Phéniciens habitaient ensemble.

M. MUNK. Les Phéniciens ne sont pas des Sémites ; c'est une faible minorité qui a apporté en Phénicie la langue sémitique.

M. RENAN croit bien que le fond de la population de la Babylonie et de la Phénicie n'était pas sémitique. Mais ils ont reçu évidemment un apport sémitique, puisque leur langue, à une certaine époque, est sémitique. C'est de cet apport qu'il s'agit ici. Du reste, il est le premier à reconnaître chez ces peuples des restes d'un monde plus ancien, qu'il ne sait pas trop comment nommer. Il croit qu'outre la race arienne et la race sémitique, il y a eu dans l'Asie occidentale une troisième race encore mal définie, dont la présence se manifeste par un ensemble d'idées et de notions religieuses différentes de celles des deux races précitées. La survivance historique de cette troisième race serait l'Egypte.

M. DE ROUGÉ déclare qu'il lui devient difficile de saisir le plan et les bases du mémoire, si le groupe des peuples auxquels s'appliquent les caractères généraux de la race se compose et se décompose avec cette facilité, car tantôt c'est la langue qui sert de lien, tantôt c'est la race.

M. Renan répète qu'il y a des groupes de peuples dont l'origine est commune, qu'il y a un berceau pour chacun d'eux, qu'à ce berceau a dû exister un seul et même fond d'idées religieuses, que ces notions se sont ensuite dispersées dans les différents rameaux, et que les mélanges de familles ont altéré ces notions premières. Les peuples sémites ont eu incontestablement une langue unique ; ils ont eu, de même, une certaine conception de la nature (car il reconnaît que le mot *monothéisme* est impuissant à bien rendre cette idée), qui diffère autant de la conception des Aryens que les langues sémitiques diffèrent des langues aryennes. La langue étant le miroir de l'esprit, ces deux faits sont parallèles. Il n'y a point de divinités cachées dans les racines des langues sémitiques ; au contraire, dans les langues indo-européennes, chaque mot était en quelque sorte prédestiné à devenir un Dieu. Il y a donc une religion. conception particulière de la nature, espèce de météorologie divine, propre à chaque race et essentiellement différente chez l'une et chez l'autre.

M. Guigniaut croit que cette météorologie n'est que le jeu des éléments, dont la cause est ailleurs.

M. Renan n'est pas le seul qui trouve cette différence profonde. M. Max Müller l'a dit avant lui, et beaucoup d'autres le reconnaissent.

M. de Rougé croit que ces caractères communs chez les peuples sémites et les différences profondes qui les séparent des Aryens ne peuvent être sûrement constatés que chez les Hébreux et les Arabes. Là, il reconnaît une parenté évidente quant à la conception des dogmes fondamentaux. Mais il croit que l'on doit restreindre la thèse à ces proportions. Quant à la notion monothéiste, il ne faut pas même prétendre qu'elle ne se trouve que là. Le savant conservateur du Louvre rappelle qu'il a établi d'une façon plus concluante pour les Egyptiens que M. Renan n'a pu le faire pour les peuples sémitiques, qui ne sont ni hébreux ni arabes, la croyance à un Dieu unique et créateur. Il ne voit pas un lien aussi fort pour tous les peuples que M. Renan a voulu rattacher à la race sémitique par l'uniformité du dogme. Les faits parallèles au monothéisme, hébreux et arabes, lui paraissent donc ne pas exister pour toutes les autres familles sémitiques.

M. Renan attendra que les faits se soient produits après discussion, avant de prendre parti en ce qui concerne le monothéisme égyptien. Il prie son savant confrère de remarquer que tous les faits rapportés dans son mémoire ne s'appliquent pas aux seuls Edomites, mais aussi aux Moabites, etc.

M. Munk, reprenant la discussion sur un passage du livre de Josué dont il a été question précédemment, conteste à M. Renan que le chapitre où est contenu ce passage soit beaucoup plus moderne que le reste du livre.

M. Renan persiste à croire que le chapitre en question est une addition contemporaine de la dernière rédaction du Pentateuque. En effet, ce chapitre renferme un vrai sermon que Josué, avant de mourir, est censé adresser aux Israélites. Ce sont surtout ces morceaux-là qui ont été postérieurement ajoutés. Le fond de cette prédication consistant à raconter au peuple sa propre histoire, se retrouve jusque dans les Actes des Apôtres.

M. MUNK. C'est une appréciation toute personnelle. M. de Wette, qui a le premier commencé à s'occuper de la composition du Pentateuque, fait remonter le livre de Josué jusqu'à l'époque du schisme, et il ne distrait pas les discours de l'appréciation générale qu'il fait du livre. M. Munk se rattache, quant à lui, à cette opinion. D'ailleurs, qu'est-ce que les dieux étrangers dont parle Abraham?

M. RENAN a déjà répondu à cette objection.

M. MAURY voudrait que le savant auteur des *Langues sémitiques* tînt compte de la religion chinoise avant de considérer le monothéisme comme la conception exclusive des Sémites. Il y a, dans la religion chinoise, un maître du ciel et de la terre et des esprits résidant dans les montagnes et dans les fleuves. Il y a, dans cet ensemble de données, un monothéisme évident. L'idée de la cause suprême existait chez ces peuples. Reprenant un autre point de de la discussion, M. Maury croit que la religion des Arabes avant l'Islamisme n'est pas assez connue pour qu'on en puisse tirer aucun argument.

M. RENAN. Il y a là deux objections très distinctes. Pour ce qui concerne la religion des chinois, M. Renan croit qu'il importe en philologie et en mythologie comparée de distinguer entre les ressemblances extérieures et les rapprochements vraiment organiques. Les ressemblances extérieures sont la conséquence toute naturelle de la similitude de l'espèce humaine;

les rapprochements organiques impliquent une origine identique. Mais il ne pense pas que son savant interlocuteur veuille tirer aucune conclusion, en ce qui touche à l'ethnographie, du fait qu'il a signalé.

M. MAURY ne prétend en tirer aucune conséquence: mais il ne voudrait pas qu'on en tire davantage pour ce qui concerne le monothéisme des Arabes.

M. RENAN. Passant à la seconde objection, il dit que s'il considère le monothéisme comme étant antérieur à l'Islamisme pour les Arabes, c'est que les écrivains arabes eux-mêmes l'y autorisent. Tous ces écrivains sont d'accord pour dire que les Arabes, jusqu'à l'an 200 environ de notre ère, restèrent fidèles à la religion d'Abraham, qu'alors ils tombèrent dans l'idolâtrie, dont Mahomet les tira. C'est là, sans doute, un système beaucoup trop artificiel, qui cependant renferme le sentiment d'une vérité historique, à savoir l'antiquité du monothéisme en Arabie.

M. MAURY. Les Grecs qui ont parlé des Arabes, nous les représentent comme idolâtres, entre autres Hérodote.

M. RENAN. Ces relations sur les religions étrangères sont toujours chez les anciens fort superficielles. Si l'on s'en tenait à ce qu'ils disent, il faudrait croire que les Juifs étaient aussi grossièrement idolâtres. Hérodote a identifié *Alilat* avec Vénus Uranie. Or, il n'est pas impossible que, sous ce nom, se cache une idée de la divinité suprême, maîtresse du ciel.

M. MAURY. Cela prouverait plutôt le Sabéisme que le monothéisme.

M. Munk demande où sont pour M. Renan les vrais Sémites? Sont-ce à la fois les Hébreux et les Arabes?

M. Renan. Oui. Ces deux peuples sont le type de la race sémitique ; car c'est seulement chez eux que la race s'est maintenue pure de mélange étranger.

M. Laboulaye remarque que la discussion n'a pas fait grand progrès. Il pense qu'il y a au fond de ce débat une cause d'erreur qu'il n'est peut-être pas impossible d'enlever : c'est le mot monothéisme. S'il s'agit de prouver que le sang qui coule dans les veines de certaines familles humaines renferme une aptitude spéciale et exclusive à la croyance en un seul Dieu, il ne pense pas que cette thèse soit semblable. S'il s'agit, au contraire, de montrer que les Aryens et les Arabes, par exemple, ont eu une conception très différente du monde, que pour les uns il existe des puissances multiples apparaissant dans les manifestations de la nature, pour les autres une volonté créatrice qui domine la nature, que ces derniers se sont représenté Dieu comme un homme singulièrement agrandi et tout-puissant, qu'ils ont prêté à ce dieu un caractère tout personnel et distinct de la nature, cela est satisfaisant, et dans ces limites, dit le savant professeur du Collège de France, la thèse de M. Renan est très soutenable et même très juste.

M. Berger de Xivrey ajoute qu'il serait à propos peut-être de restreindre les caractères généraux de la race sémitique aux Hébreux et aux Arabes, en faisant encore des réserves pour ce dernier peuple.

M. Renan, pour clore cette discussion, s'en

réfère aux conclusions que M. Laboulaye vient
de donner, et qui lui semblent résumer et concilier à peu près, d'une manière très générale du
moins, les opinions exposées de part et d'autre
pendant le débat. C'est la seconde des interprétations énoncées par M. Laboulaye qui est la
sienne. Il a fait remarquer que le mot monothéisme prête au malentendu, et qu'il ne s'en
est servi que faute d'un mot meilleur. La différence religieuse essentielle des Ariens et des Sémites réside dans une conception primitive de la
nature, qui chez les premiers impliquait le polythéisme, et chez les autres devait aboutir au
monothéisme.

L'Académie revient sur ce sujet, dans sa
séance du 15 juillet suivant, par une communication de M. Wallon intitulée : « Sur le monothéisme considéré par M. Renan comme déter-
minant le caractère général des races sémitiques. » Remontant au temps où 'les races
étaient « encore des faits physiologiques »,
M. Wallon examine si le monothéisme se manifeste comme un fait essentiellement propre
aux Sémites. Et il accorde volontiers que le
fond de la religion hébraïque a été, dès la plus
haute antiquité, monothéiste, que le culte du
Dieu unique n'est ni une invention d'Abraham
ou de Moïse, ni un emprunt fait à l'Egypte. Ce
que M. Renan a dit des Juifs, il l'a étendu aux
tribus nomades qui les entouraient, et en cela
encore M. Wallon est d'accord avec lui.

Mais M. Renan va plus loin, et il applique
cette observation à toute la race, aux Syriens,
aux Phéniciens, aux Babyloniens. Ici, le savant
auteur de l'*Esclavage dans l'Antiquité* se sépare de
son confrère, et il rappelle que, dans toutes les
races, on a signalé des vestiges de monothéisme,

subsistant non seulement dans des noms, mais dans des pensées ; en sorte que si, en l'absence d'un culte formel, on pouvait établir que le monothéisme est de race chez un peuple, il faudrait dire que le monothéisme est de race dans tout le genre humain.

Or, les noms en *El*, par exemple, ne prouvent pas plus en faveur de l'unité divine chez les Arabes, selon lui, que chez les Grecs où nous avons tant de noms en θεός : Théon, Théopompe, Théodore, etc.

A ce passage de ladite communication se place le dialogue suivant :

- M. Munk. Cela est si vrai qu'Aristote lui-même cherche à expliquer les noms des divinités grecques dans le sens du monothéisme, comme par exemple dans son traité *De mundo*.

M. Egger. Ce traité est très postérieur à Aristote et ne peut avoir dans la question l'autorité que son confrère lui attribue.

M. Munk ne peut se rendre à cette opinion, et il a pour lui le jugement de M. Weisse ; mais, en supposant que ce traité ne fût pas d'Aristote, il serait toujours d'un ancien Grec.

M. Egger, en comparant le style et les idées du *Peri Cosmou* avec les écrits d'Aristote, ne peut partager l'opinion de MM. Munk et Weisse.

M. Le Clerc. La doctrine du *Peri Cosmou* est essentiellement platonique, et il n'est pas malaisé de voir que les influences chrétiennes s'y font sentir.

M. Renan croit que ce traité doit être rapporté au temps où ont été composés les poèmes orphiques. Il a dû être écrit en Asie, à une époque relativement récente. On ne peut y

méconnaître l'influence des idées juives et sa-
maritaines, et l'attribution qu'on en a faite à un
ancien grec perd désormais toute son impor-
portance dans le cas dont il s'agit et pour la dé-
duction des preuves que M. Munk prétend en
tirer. Revenant au point de départ de cette discussion sur les noms dans la composition desquels entrent θεός ou *Deva*, il ne peut les placer
qu'aux époques philosophiques.

M. Wallon. Cependant les composés θεόγνις et
θεοδώρος sont fort anciens.

M. Le Clerc. Théodore ne veut dire que *don
d'un Dieu*, et l'on ne saurait rien induire pour le
cas dont il s'agit.

Qu'importe, continue M. Wallon, que le nom
de telle divinité sémitique puisse s'appliquer au
Dieu unique, si, à côté, se trouve une autre divinité ayant aussi un nom de Dieu unique?
Mylitta est la déesse par excellence, mais on se
prostitue en son honneur. Adonis est le dieu
suprême ; mais son culte célèbre les renouvel-
lements de la nature, Moloch veut dire roi et se
rapporte à Dieu ; mais il est le feu et on lui
immole des enfants. Le polythéisme est donc la
forme dominante de la religion chez tous les
peuples sémitiques à l'exception des Juifs.

Cette opinion donne lieu aux objections
suivantes :

M. Laboulaye. On a reproché à M. Renan
d'avoir abusé du monothéisme. Un reproche
semblable paraît à M. Laboulaye devoir être
adressé à M. Wallon dans un autre sens. Celui-
ci abuse du polythéisme et le voit partout. Il y
a plusieurs sortes de polythéismes, et il lui paraît urgent de s'entendre sur ce mot : les chré-

tiens du moyen-âge qui croyaient au diable et aux esprits pourraient être considérés aussi comme des polythéistes, et c'est un polythéisme bien plus caractérisé à ses yeux que celui dans lequel sont tombés les peuples sémites.

M. Wallon. Même quand ils ont adoré Baal et Moloch?

M. Ch. Lenormant. Il n'existe aucun polythéisme dans lequel on aperçoive un Dieu constamment supérieur aux autres; et c'est là le caractère des religions dont l'essence est monothéiste.

M. Renan. C'est là précisément ce qui fait la différence fondamentale.

M. Munk. *L'Agriculture des Nabatéens* nous révèle que, pour ces peuples, le soleil est le Dieu suprême. Les Chaldéens ont persécuté Abraham à cause de l'unité divine qu'il pratiquait.

MM. Renan et Laboulaye. C'est là une légende rabbinique.

M. Renan. Quant à l'Agriculture nabatéenne, il est prudent de suspendre son jugement jusqu'à la publication du travail de M. Chwolson, qui en promet de si belles choses que ce que nous en connaissons déjà n'aurait qu'une importance très secondaire.

M. Munk. Les fragments publiés sont très suffisants pour en donner l'idée, et tellement authentiques qu'on ne peut contester les faits qu'il vient de rappeler.

Mais, chez les Juifs mêmes, ajoute M. Wallon, le monothéisme est-il de race? On peut affirmer, au contraire, que si la croyance au Dieu unique est dans toutes les pages de leurs livres, l'adoration des dieux étrangers se montre à toutes les époques de leur histoire. Il rappelle ici tous les passages de la Bible où l'on montre le peuple juif se livrant sans cesse à son goût pour les cultes étrangers et pour les idoles, et pendant le séjour dans le désert, et pendant la période des Juges, et sous les Rois : tel est le résumé que le livre des Juges et des Rois fait de toute cette période de l'histoire depuis Salomon et Jéroboam.

A quoi M. Munk objecte ceci : Jéroboam n'est pas idolâtre ; il est monothéiste. Le veau d'or est le vrai et unique Dieu pour lui, et son seul péché consiste à *représenter* Dieu, et non à multiplier les dieux. C'est donc le monothéisme avec l'image.

Avec quel intérêt on suit ces dialogues ! Que de problèmes ainsi ébauchés, sans être résolus !

Mais voici, dans la même assemblée, des études d'un autre ordre. Pour l'an 1861, l'Académie avait mis au concours, comme sujet du prix Bordin, une étude sur la langue et la littérature éthiopienne. Au seul mémoire présenté par M. H. Zotenberg, de Trachenberg, Silésie, Prusse (*sic*), l'Académie accorde un encouragement de 2000 francs.

Chargé d'examiner le mémoire présenté à ce concours, Munk écrit un rapport détaillé à ce sujet : il examine, en critique, chaque page, discute chaque point important, donne par exemple son avis sur ce qu'il faut penser du *Livre des Jubilés*. Or, remarque le rapporteur, ce que dit de ce livre l'auteur du mémoire est tout à fait insuffisant. Comme ce livre n'existe qu'en éthiopien, une analyse n'aurait pas été superflue. L'auteur aurait pu trouver un excellent guide dans la savante dissertation de M. B. Beer, de Dresde : « Das Buch der Jubiläen und sein Verhaltmiss zu den Midraschim » (Leipzig, 1856, 8°). M. Beer a recherché avec soin toutes les traces qu'on trouve de ce livre dans les écrits des anciens rabbins, et il le croit émané de la secte des Dozitéens (une branche des Samaritains), composé en Egypte par un membre de cette secte qui voulait opérer une fusion entre les juifs hellénistes et les Samaritains.

Un autre renseignement est rattaché par Munk à la dernière page. « L'auteur, dit-il, indique le résultat principal de son mémoire : il croit avoir établi qu'on peut distinguer dans la littérature éthiopienne deux périodes, l'une grecque, l'autre arabe, et il ne parle plus de la période intermédiaire, ou de celle des ouvrages originaux. On savait depuis longtemps que la littérature éthiopienne commence par les versions de la Bible faites sur le grec, et que plus tard on traduisit de l'arabe un certain nombre d'ouvrages appartenant presque tous à la littérature ecclésiastique. Le catalogue des manuscrits d'Abbadie donne la nomenclature d'un grand nombre de ces ouvrages. Dans le mémoire, nous trouvons pour la première fois une classification systématique des ouvrages dont se compose la littérature éthiopienne. Mais l'auteur en a omis plusieurs ; j'indique les suivants qui existent à la bibliothèque impériale parmi les manuscrits apportés par M. Bocher d'Héricourt et dont j'ai moi-même dressé la liste. Ces ouvrages, en partie, ne sont pas dénués d'intérêt, et montrent que les Ethiopiens ont cherché aussi à tirer quelque profit de la science arabe :

1° *Livre d'astrologie et de magie.* Le contenu de ce livre est emprunté à des ouvrages arabes, comme le prouvent les noms des astres et des constellations, et un grand nombre d'autres mots arabes qu'on y rencontre (Manuscrit Bocher d'Héricourt, n° 4).

2° *Divers traités astronomiques particulièrement relatifs au calendrier.* On y rencontre beaucoup de termes arabes, comme dans le numéro précédent (B. d'H. n° 8).

3° Petit traité astronomique attribué à Hénoch, intitulé : *Livre de la révolution des lumières célestes* (B. d'H. n° 9 *bis*).

4° *Petit vocabulaire par ordre de matière, et où les mots éthiopiens sont expliqués en amharique et quelquefois en copte et en arabe* (in-12). C'est le livre *Saonsaou* ou la *Scala* dont parle Ludolf, *Historia*, livre IV, ch. 2, et *Commentaire*, p. 209 et 856 (B. d'H. n° 22).

5° *Traité de certains quadrupèdes, oiseaux, plantes et pierres remarquables, qui jouent un certain rôle dans l'Ecriture sainte*, par saint Fisalgos (B. d'H. n° 26 a).

6° *Histoire de Sékendes le philosophe, ses discours et ses conversations avec l'empereur Adrien* (Ibid. 26 *j*.)

Même dans les questions que de prime abord on pourrait supposer étrangères aux études habituelles de Munk, il prend part aux délibérations. Un jour, le ministre de l'instruction publique consulte l'Académie sur le point de savoir s'il y aurait avantage à introduire dans l'enseignement du grec la prononciation nationale (dite moderne, au lieu de la prononciation dite *erasmienne*). Sur le rapport fait par M. Dehèque au nom de la commission chargée d'examiner cette question et concluant à l'affirmative, une discussion de peu d'étendue s'est ouverte le 18 novembre 1864 et Munk y a pris part. Il pense que, dans la réponse à faire au Ministre, il ne s'agit que d'une question pratique, non d'une question de doctrine et de théorie. Il ne croit pas que la prononciation des Grecs modernes soit antique, et il cite, à l'appui de son opinion, des exemples tirés des auteurs grecs et des transcriptions de mots grecs dans les idiomes latins et occidentaux. Passant à la question de l'accent et de son usage dans la prononciation des vers chez les grecs d'aujourd'hui, il le croit incompatible avec la prosodie, avec les mètres, soit épique, soit lyrique, et il lui paraît, ainsi qu'à M. Vincent, destructif de toute musique et de toute prosodie.

La même année, Munk donne à l'Académie son avis sur des sujets qui sont du domaine spécial de ses travaux. M. Ad. Neubauer avait eu la mission d'examiner à la bibliothèque impériale de Saint-Pétersbourg une collection d'anciens manuscrits hébreux, recueillis dans plusieurs communautés juives de la Crimée par Abr. Firkowitz (1), ancien *Hakham* ou chef religieux des Caraïtes d'Odessa, qui intéressent par leur système particulier de vocalisation et d'accentuation, sans compter quelques détails d'histoire et de philologie. Les deux communications de ce savant ont été chacune l'objet d'un rapport spécial fait à l'Académie par Munk ; le premier de ces rapports porte la date du 2 février 1864 ; le second est du 2 décembre suivant. Le premier examine ce qui est dit d'abord des rouleaux du Pentateuque destiné à l'usage des sy-

(1) *Journal asiatique*, 1865, t. I, p. 543 et 555. *Acad. des Inscriptions et Belles-lettres.*, *Comptes-rendus des séances*, 1864, t. VIII, p. 341-45.

nagogues, dont la haute antiquité est constatée par des épigraphes. Mais les dates qu'elles offrent sont douteuses : souvent l'ère de la création du monde figure à côté de celle « de l'exil », sans que ces deux ères puissent s'accorder. — Les épitaphes copiées, quoique placées sur un terrain un peu plus solide, sont également suspectes. Enfin, ce qu'il y a de plus intéressant et de plus sûr dans cette première communication, ce sont les variantes bibliques, dont quelques-unes méritent d'appeler l'attention des hébraïsants, outre un Dictionnaire hébreu — persan, incomplet, portant pour date l'an 1340.

Le second rapport de M. Neubauer offre beaucoup moins d'intérêt que le premier, dit Munk, et l'espérance que la commission avait exprimée d'y trouver des faits nouveaux sur l'histoire des Khazares ne s'est point réalisée. Les livres de prières et de cantiques examinés n'offrent rien d'intéressant. Le livre de poésie de Moïse Daraï, déjà signalé par S. Pinsker, serait important pour l'histoire littéraire, si la date qu'il porte pouvait être considérée comme authentique, ainsi que Munk le démontre par un examen critique. Finalement, les ouvrages de philosophie, ou plutôt de théologie rationnelle, par Joseph ha-Roëh, Yeschou'a, etc., sont les mêmes que ceux qui se trouvent aussi à la bibliothèque de Leyde, depuis longtemps, et même à la Bibliothèque de Paris, depuis 1840, rapportés d'Egypte par Munk.

Le 28 mars 1866, Munk présente une autre œuvre du même bibliographe, un petit recueil hébreu publié par M. Ad. Neubauer sous le titre de *Melékheth ha-schir* (art poétique). « Ce recueil, dit-il, quoique peu volumineux, renferme plusieurs pièces d'un véritable intérêt. La première

pièce est un petit traité de prosodie hébraïque,
par Saadia ibn Danan, savant juif qui vivait à
Grenade vers le milieu du XVᵉ siècle. Si je dis
*prosodie hébraïque*, il va sans dire qu'il n'est pas
question de la prosodie des anciens Hébreux,
car la poésie biblique n'a pas de prosodie, ou du
moins nous ne la connaissons pas. Il s'agit ici de
la métrique des Arabes, appliquée à la poésie
hébraïque par les poètes juifs du Moyen Age, du
XIᵉ au XVᵉ siècle. Presque tous les mètres
arabes furent employés par les poètes juifs, à
l'exception de ceux où l'on rencontre deux syl-
labes brèves, qui se suivent l'une l'autre ; car,
comme le *schewa* mobile seul compte pour une
syllabe brève chez les poètes hébreux, et que
deux *schewa* mobiles ne peuvent jamais se suivre,
il en résulte que les poètes juifs (pour me servir
des termes employés dans la poésie classique) ne
pouvaient jamais former ni le dactyle, ni l'ana-
peste, ni le choriambe, ni l'*Ionicus a majori* ou *a
minori*, etc. Quelques poètes seulement ont employé, en se permettant certaines licences, les
mètres que les Arabes appellent *Câmel* et *wâfer*.
Le mètre employé le plus souvent par les Juifs
est celui que les Arabes appellent *Hazedj*, et qui
se compose de trois pieds, dont les deux premiers ont une brève et trois longues, et dont le
troisième a une brève et deux longues. »

$$\smile \,\text{—}\,\text{—}\,\text{—} \mid \smile \,\text{—}\,\text{—}\,\text{—} \mid \smile \quad \text{—}$$

Munk cite, comme exemple à l'appui, une
pièce de vers hébreux dans la troisième *Makama* de Hariri publiée par Silvestre de Sacy, et
il indique que le reste de ce recueil contient,
outre un petit traité analogue anonyme, les *Ma-
kamas* VII et VIII en hébreu des séances de Ha-

riri, puis la quatrième et dernière *Makama* du livre *Tahkemoni* par Juda al Harizi (1).

Le 4 mai suivant, F. de Saulcy lit un mémoire sur l'emplacement probable du tombeau d'Hélène, reine d'Adiabène, à Jérusalem. S. Munk fait observer que les longues déductions topographiques et stratégiques de M. de Saulcy paraissent superflues pour démontrer que le tombeau d'Hélène et les *Kbour al Molouc* ne sont point identiques. Josèphe lui-même distingue ces deux localités l'une de l'autre. si l'on admet avec Ro binson et d'autres auteurs que les *grottes royales* de Josèphe sont les *Kbour al Molouc*. En ce cas, le tracé de la troisième muraille de Josèohe ne peut pas être celui du mur actuel de Jérusalem, et la topographie de M. de Saulcy subirait des modifications notables. Munk croit qu'il faut chercher le tombeau d'Hélène au nord-nord-ouest des *Kbour al Molouc*, puisque Josèphe, en indiquant le tracé de la troisième muraille de l'Ouest à l'Est, nomme d'abord le tombeau d'Hélène, qu'il dit être à trois stades de Jérusalem, et ensuite les grottes qui touchent cette muraille.

Munk dut prendre également une part sur ses lectures pour les hommages à l'Académie, ou présentations des livres entrant dans son domaine professionnel. Ainsi, pour ne citer qu'un dernier exemple entre bien d'autres, Munk fait hommage, en juin 1865, au nom de l'auteur, de la *Chrestomathie biblique, ou choix de morceaux de l'Ancien Testament, traduits du texte hébreu et accompagnés de sommaires et de notes* par le pasteur Louis Segond (Genève, 1864, 8°.

Il nous faut bon gré, mal gré, renoncer à une étude plus détaillée de l'activité littéraire de

_________

(1) Cf. son art « Aus Charisi's Tachkemoni » : *Orient*, t. i, p. 187.

Munk, de cet ensemble où chaque page révèle la multiplicité et la profondeur de ses connaissances. La liste chronologique de ses travaux, placée à la suite de cette revue, servira de tableau synoptique pour juger d'un coup d'œil la grandeur de l'œuvre. On remarque à chaque pas que le savant orientaliste ne nous expose pas tout ce que lui ont fait connaître ses longues années d'étude sur l'histoire des temps classiques du peuple Juif. « Les ouvrages sur la philosophie arabe, — dit Dugat, en conclusion à sa bibliographie, — dans lesquels Munk a enfoui tant de savantes recherches, contribueront puissamment à éclairer l'importante question de la transmission des sciences de l'antiquité à l'Europe moderne. Ses travaux serviront de jalons lumineux quand, dans un ouvrage d'ensemble, on tentera de tracer la marche de l'esprit humain depuis l'éclipse de la philosophie grecque, c'est-à-dire de cette période de l'histoire des idées, où les Arabes seuls portaient le flambeau de l'intelligence, qui, en illuminant les temps confus du moyen-âge, a projeté son rayonnement sur les temps modernes. »

Ne nous occupons pas davantage du plus ou moins grand nombre des travaux de ce savant, pour admirer plutôt les mérites de l'homme. Quand on a eu le bonheur de passer plusieurs années dans son intimité, la pensée qu'on l'a perdu si tôt et d'une façon si imprévue, n'en devient que plus douloureuse. Il faudrait avoir vu avec quelle affabilité toujours égale à elle-même il recevait tous ceux qui faisaient appel à sa bonne volonté, s'agit-il d'affaire pécuniaire, ou scientifique : pour l'une et l'autre, il ouvrait avec une égale bienveillance son cœur et sa main. Sa bourse ne suffisait-elle pas complètement, ou bien était-elle déjà vide ? Il en appelait alors au cœur des riches, quelque pénibles à son infirmité que fussent de pareilles démarches. Il se montrait tout aussi obligeant s'il s'agissait de renseignements littéraires, indiquant la place et la page à consulter, afin d'épargner ainsi de la façon la plus obligeante le temps de chacun. Il répondait aux questions posées avec le même soin et la même précision que s'il se fût agi de ses propres travaux. Quel écrivain aurait mérité une plus grande reconnaissance !

Peu d'hommes, par conséquent, ont été aussi honorés et aussi regrettés que Munk. L'étendue de son savoir, son cœur humain et doux, la patience avec laquelle il a supporté son faible état de santé, le peu que l'on a su ou deviné du combat vaillamment soutenu contre la destinée durant une partie de la vie, tout se réunit pour lui garder, au milieu de l'instabilité des choses, une immuable vénération.

Par ses œuvres, Salomon Munk s'est conquis une renommée européenne, qu'il a léguée en héritage à ses enfants : c'est par elles que nous honorons son souvenir, parce qu'ainsi la postérité conservera pieusement la mémoire ineffaçable de son passage sur terre.

# LISTE CHRONOLOGIQUE

DES

# PUBLICATIONS DE SALOMON MUNK (1)

Articles dans l'*Encyclopédie des gens du monde*, 1832, et dans le *Dictionnaire de la conversation*.

*Examen de plusieurs critiques du 1ᵉʳ vol. de la Bible S. Cahen*. t. II (xx p.), 1832.

*Réflexions sur le culte des anciens hébreux dans ses rapports avec les cultes de l'antiquité, pour servir d'introduction au Lévitique et à plusieurs chapitres des Nombres :* t. IV (56 p.), 1833.

*Lois de Manou, livre V, traduit littéralement du sanscrit avec notes :* Ibid. (p. 57-78).

*Deux chapitres de la 3ᵉ partie de la Direction des égarés*, par le Réis de la nation israélite, *Mousa ben Maïmoun de Cordoue :* Ibid. (p. 79-89).

Aristote : *France littéraire*, novembre 1834 (pp. 73-119).

Essai d'une traduction française des Séances de Hariri : *Journal asiatique*, 1834, nouvelle série, t. XIV, p. 540-69.

*De la poésie hébraïque après la Bible* (influence chaldaïque et perse ; *Temps* du 27 décembre 1834.

Idem, *influence arabe :* ibid., 19 janvier 1835.

*De la poésie arabe et en particulier des séances de Hariri ;* 4 mars 1835.

*De la poésie persane ;* 14 mars 1835.

---

(1) Dans cette liste, les petits travaux sont cités d'autant plus volontiers qu'ils sont moins connus et pourraient trop facilement se perdre.

Littérature orientale : les *Aventures de Kamrup*, 20 et 21 avril 1835.

*Poésie orientale ; fragment d'un roman persan de Djami*, 2 et 10 juillet 1835.

*Fragments de littérature sanscrite*, 24 et 26 janvier 1836.

Littérature perse : *Takhlis al-Ibriz fi telkhis Baris* ; 14 février 1836.

*Essai sur la philosophie des Indous* par Colebrooke : 9 et 26 août, 10 septembre 1836.

*La Bible de M. Cahen* ; 19 mai et 1ᵉʳ octobre 1836.

*Rapport de la philosophie des Grecs avec celle des Indous ;* 7 octobre 1836.

Sur la *Vie de Jésus*, par Strauss ; 5 octobre 1836.

*Les œuvres de Wali*, par M. Garcin de Tassy ; 8 décembre 1836.

*Sri Mahabharatam* ; 26 décembre 1836.

*Histoire de la philosophie*, par Henri Ritter, traduction Tissot ; 1ᵉʳ avril et 8 août 1837.

*Mahabharata*, 3 février 1838.

*Exposé de la religion des Druzes*, par S. de Sacy ; 2 mars 1838.

*Lettre* (réplique à Tsarfati) : *Régénération*, 1836, t. i, p. 330.

*Notice sur R. Saadia Gaon et sur une version persane d'Isaïe*, manuscrit de la Bibliothèque royale (nationale), suivie d'un extrait du livre *Dalâlat al Hayirin*, en arabe et en français : *Bible Cahen*, t. ix (112 p.), 1838.

Idem : *Journal asiatique*, 1839, IIᵉ série, t. vii, p. 179 ; t. viii, p. 91.

Saadia Alfajumi : *Israelitische Annalen*, von. J. M. Jost, t. i, 1839, p. 22 et 30.

Ben abbas Widerlegungsschrift gegen den Kusari : *Orient*, von J. Fürst, t. i, 1840, p. 136.

*Aus charisi's Tachkemoni :* Ibid. p. 87, 165, 184, 195, 213.

*Uber jüdisch-arabische Literatur :* Ibid. p. 361.

Kahira ; Bemerkungen : *Israelit. Annalen*, t. III, 1841, p. 73 et 83.

*Briefe aus Paris*(Manuscripte) : Ibid. p. 76, 86, 93.

*Debarim ascher katab le yoschbé Miçraim :* Zion (1841), t. I, p. 76 ; trad. all. *Orient*, II, 103.

Notice sur Joseph b. Iehouda ou Abou'l Hadjadj yousouf Yahya al Sabti al Maghrebi, disciple de Maïmoni : *Journal asiatique*, 1842, 2ᵉ série, t. XIV, p. 5-77.

*Lettre* sur une coïncidence d'opinions avec M. Lebrecht : Ibid. p. 446.

Louis Marcus : *Archives israélites*, t. IV, 1843. p. 541.

Commentaire de R. Tanhoum de Jérusalem, du XIIIᵉ siècle, sur le livre de Habakouk, publié pour la première fois en arabe et accompagné d'une traduction française et de notes : *Bible Cahen*, t. XII, 1843, (114 p.).

Palestine : *Univers pittoresque*. P. 1845, gr. in 8°, à deux col., avec planches.

Salomo ben gebirol : *Orient.* t. VII, 1846, p. 721 et suiv.

Ubersichtliche Darstellung der hebr. Literatur bis zur Zerstörung des zweiten Tempels : *Jahrbuch* von Klein, t. V, 1847, p. 50 et suiv.

*Nouvelle grammaire hébraïque* raisonnée et comparée par Salomon Klein, rabbin à Durmenach (Mulhouse, 1846, in-8°), compte-rendu analytique : *journal asiat.*, 2ᵉ série, t. XVI, p. 151.

*L'inscription phénicienne de Marseille*, traduite et commentée : Ib. 3ᵉ série, t. X, 1847, p. 473 (64 p. et planche).

Quelques ouvrages inédits de Yedaïa Penini : *Archives Israélites*, t. VIII, 1849, p. 67.

*De la philosophie chez les Juifs* : Ibid. t. IX, 1850, p. 169, 325, 419.

*Enigmes :* Ibid. t. xii, p. 499, 556.

Quelques rabbins français de la fin du XIIIᵉ siècle ; Iehiel de Paris ; Nathan l'official et son fils Joseph ; Isaac de Corbeil ; Moïse de Coucy : *Histoire littéraire de la France* t. xxi, p. 506. Articles reproduits dans l'*Annuaire* de B. B. Créhange, 1858 et 1861.

*Notice sur Abou'l Wâlid Merwan ibn Djanah et sur quelques autres grammairiens hébreux du Xᵉ et du XIᵉ siècle, suivie de l'introduction du Kitab al Luma d'Ibn-Djanah en arabe, avec une traduction française :* Journal asiatique, 1850-51, ou *3ᵉ série,* t. xv, p. 297 et suivantes ; t. xvi, p. 5, 200, 353 ; t. xvii, p. 85.

*Essai sur l'inscription phénicienne du sarcophage d'Eschmounezer, roi de Sidon :* Ibid 1856, 4ᵉ série, t. vii, p. 274. Reproduit dans : *Univers israélite,* t. xi, p. 482.

*Le guide des Egarés,* par Moïse Maïmonide, texte arabe et traduction française avec notes, 3 vol. gr. in-8°. Paris, 1856, 1861, 1866.

*Mélanges de philosophie juive et arabe,* deux parties. Paris, 1857-59, in-8°.

*Le poète juif Manoello ami du Dante : Univers israélite,* t. xv, 1859, p. 505.

Sur la collection de manuscrits hébreux de M. Firkowitz : *Comptes-rendus de l'Académie des Inscriptions et Belles-Lettres,* 1864, t. viii, p. 341-5 ; *Journal asiatique,* 1865, t. i, p. 543 et 555.

*Leçon d'ouverture du cours d'hébreu au collège de France.* Paris, 1865, in-8°. Reproduite dans : *Univers israélite,* t. xx, p. 388 et 431.

*La secte des Karaïtes et la traduction des Psaumes,* par R. Yapheth : *Revue orientale et américaine,* t. vii, 1861 p. 1 et suivantes.

*La poésie juive-espagnole ('Oleloth Eliahou) :* Ibid. t. x, 1863, p. 1 et suiv.

*De la littérature araméenne* : Ibid. p. 213.

Henri Ollendorff, biographie : *Archives israé-lites*, t. xxvi, 1865, p. 399-402.

*Rapport sur les études sémitiques en France, de 1840 à 1866 : Recueil de rapports sur les progrès des lettres et des sciences* (volume relatif à l'Égypte et à l'Orient, P. 1867, in-4°, p. 87-115).

Enfin un résumé de ses services lexicographiques a paru dans le *Beth Oçar*, t. i, p. i-vii, sous ce titre : אחרי ש"ם ' מכתבי ה' שכמיה מונק

---

(1) Allitération du mot Sᴇᴍ et des initiales s. ᴍ. (S. Munk).

# TABLE DES MATIERES

Vannes. — Imprimerie LAFOLYE, 2, place des Lices.